AF237641

Leere Fülle Gegenwart

Anmerkungen zu Kontemplation und Advaita

Christian Tröster

Impressum

Bibliografische Information der Deutschen
Nationalbibliothek:
Die Deutsche Nationalbibliothek verzeichnet diese
Publikation in der Deutschen Nationalbibliografie;
detaillierte bibliografische Daten sind im Internet über
http://dnb.dnb.de abrufbar.

Lektorat: Hauke Hansen
Umschlaggestaltung: Peter Plasberg
Foto: Torsten Neeland
Grafik: Adobe Stock

Herstellung und Verlag: BoD – Books on Demand,
Norderstedt

ISBN: 9783754383629

Inhalt

Einführung

„Wenn du es verstanden hast, ist es nicht Gott."
Augustinus

Lange habe ich überlegt, wie wohl der Titel dieses kleine Büchleins lauten sollte. Vielleicht hilft der Verweis auf die erste Idee: „Kontemplation vertiefen." So hieß der Arbeitstitel und er benannte zugleich auch den Impuls, dieses Buch überhaupt zu wagen. Mit diesem Titel wäre zunächst gesagt, dass das, was ich vermitteln möchte, nicht als „Einführung in die Meditation" gedacht ist, es richtet sich an Menschen, die womöglich schon über Erfahrungen mit dem kontemplativen Gebet oder anderen Meditationspraktiken verfügen. Die Idee dazu, vielleicht auch die Notwendigkeit, meine Gedanken schriftlich zu formulieren ergab sich aus meinen Erfahrungen in Kontemplativen Exerzitien, aus der Erfahrung eines gewissen Stillstands auf dem eigenen Weg sowie Erkundungen anderer spiritueller Praktiken. Schließlich fand all das für mich in einer Synthese zusammen. Einige Retreats, die ich selber mit dem Titel „Kontemplation vertiefen" veranstaltet habe, zeigten mir, dass ich mit dem Gespür für diese Möglichkeit nicht alleine bin. Ich bin vielfach dem Wunsch begegnet, für die Praxis der Kontemplation andere Aspekte zu beleuchten, als es die Kontemplativen Exerzitien tun

– und dabei doch die Exerzitien als Bezugspunkt und gemeinsamen Grund zu würdigen.

In diesem Büchlein sollen keine Sach- und Fachinformation erwartet werden, wenngleich ich mich bemühe, einige Aspekte der Kontemplation so zu präzisieren, dass dadurch eine vertiefte Sammlung möglich wird. Es liegt allerdings in der Natur der Sache, dass Sprechen über Kontemplation, über Stille, Bewusstsein und das Selbst, etwas Unabgeschlossenes hat. Es gibt keine letzten Antworten, die wir mit einem „Jetzt ist die Sache klar" quittieren dürften – so eine Formulierung von Karl Rahner.[1] Immer wieder hat er deshalb vom „unbegreiflichen Geheimnis Gottes" gesprochen. Auch in der Kontemplation beziehen wir uns darauf. Und doch müssen wir darüber sprechen. „Die Worte sind lediglich ein Katalysator der wahren Formulierung, die im Leser stattfindet", las ich einmal zum Werk des von mir verehrten spirituellen Lehrers Jean Klein[2]. Die Unabgeschlossenheit meiner Gedanken möchte ich im Untertitel mit dem Begriff „Anmerkungen" kenntlich machen. Das Thema könnte in immer weiteren Facetten beleuchtet werden, und doch würde immer ein Rest an Unbegreiflichem bleiben. Seit Jahrhunderten und in vielen Kulturen haben

---

[1] Karl Rahner, Wagnis des Christen, S. 30
[2] Jean Klein, Nichts als Gegenwart, S. 9

sich schon klügere Menschen dem angenähert[3], besser, gewaltiger und gewagter als ich es je könnte. Ich verneige mich vor ihnen.

Ausgangspunkt meiner Überlegungen sind, wie schon angedeutet, die Kontemplativen Exerzitien, wie sie von Franz Jalics entwickelt wurden. Dazu das Gebet der Sammlung, das Thomas Keating und seine Weggefährten für die Gegenwart formuliert haben. Was ich im Folgenden versuche ist eine Ergänzung oder Anreicherung ihrer Anleitungen durch Mittel, die uns andere Traditionen zur Verfügung gestellt haben. Insbesondere ist dies Advaita Vedanta, die Lehre der Non-Dualität, die auf den indischen Gelehrten Shankara (788-820 n. Chr.) zurückgeht und die von zeitgenössischen Lehrern für die Gegenwart adaptiert wird. Dazu kommen Aspekte des tantrischen Buddhismus. Was diese östlichen Lehren angeht, leben wir in einer gesegneten Zeit. Uns steht heute eine Vielzahl von Quellen aus verschiedenen Weltgegenden und Traditionen zur Verfügung. Schriften, die einst als Geheimlehren deklariert waren und nur wenigen Eingeweihten zugänglich waren. All dieses Wissen ist uns heute zugänglich. Es kann zu einer klärenden Bereicherung des kontemplativen Weges beitragen.

---

[3] Z.B. Meister Eckehart, Deutsche Predigten und Traktate, S. 1 - S.448

Über meine Motivation diese Texte zu verfassen, möchte ich zu Beginn ein paar Worte verlieren. Das kontemplative Gebet hat in den letzten zwanzig Jahren in der westlichen Welt viel Interesse erfahren. Im deutschsprachigen Raum ist dies mit den Kontemplativen Exerzitien und mit dem Namen Franz Jalics SJ verbunden. Man findet mittlerweile zahlreiche und gut besuchte Kurse, die den Titel „Kontemplative Exerzitien" tragen. Die von Franz Jalics entwickelte Didaktik des sogenannten „Grieser Wegs" hat sich als tragfähig und kommunizierbar erwiesen. Sie führt die Meditierenden in genau definierten Schritten zu immer tieferer Sammlung. Im Einzelnen sind dies: Die Wahrnehmung der Natur, die Wahrnehmung des Atems und der Handinnenflächen. Es folgen Gebetsworte wie Ja und Maria, die innerlich gesprochen werden. Am Ende wird der Name Jesus Christus mit dem Aus- und Einatmen nach Art eines Mantras ununterbrochen innerlich wiederholt – das sogenannte Jesusgebet, das eine lange Tradition in der christlich-orthodoxen Mystik hat.

In ihrer sorgfältigen Didaktik liegt der außerordentliche Verdienst der Kontemplativen Exerzitien. Sie haben strukturelle Ähnlichkeiten mit der sogenannten Achtsamkeits- oder Vipassana-Meditation aus dem buddhistischen Bereich. Die Exerzitien wirken nicht nur in die seelische Tiefe, sondern auch in die Breite. Sie sind ein Segen für die Teilnehmer, aber vielleicht auch für die christlichen

Kirchen. Parallel zur Verbreitung des kontemplativen Gebets in Europa haben in den USA Lehrer wie Thomas Keating OCSO und Cynthia Bourgeault, dazu auch der Franziskanerpater Richard Rohr, wertvolle Arbeit für eine theologische Fundierung der Kontemplation geleistet. Ihre Schriften und mehr noch die Praxis haben ein spürbares Gegengewicht zu überkommenen Formen christlicher Verkündigung sowie zur Selbstbeschäftigung kirchlicher Institutionen geschaffen. Ganz sicher hat das kontemplative Gebet auch tiefere Sehnsüchte vieler Menschen angesprochen, Sehnsüchte, die über die Aktivitäten gemeindlichen Christentums hinausgehen und die authentisches Suchen sind nach dem Geheimnis, das wir Gott nennen. Tatsächlich machen die Teilnehmer kontemplativer Retreats immer wieder tiefe spirituelle und heilsame Erfahrungen, die zu Wandlung, zu Versöhnung, mehr Liebe und innerem Frieden führen.

Nach meiner Beobachtung bleiben die Kontemplativen Exerzitien jedoch, wenn sie nicht von sehr erfahrenen Lehrern angeleitet werden, oft unter den Möglichkeiten, die in ihnen angelegt sind. Gemeint ist eine Art Verschulung, ein System der Vermittlung, das leicht zu reproduzieren ist, das zugleich aber auf einem gewissen Niveau stehen bleibt. Was in den Exerzitien-Ansprachen beim ersten, zweiten oder dritten Kurs bewegend und berührend ist, erschöpft sich bei weiterer

Wiederholung. Selbstverständlich haben die Zeiten der Stille ihre eigene Kraft. Doch auch wer zum siebten oder zehnten Mal an den Exerzitien teilnimmt, und das sind nicht wenige Teilnehmer, durchläuft heute nach dem Grieser Exerzitienprogramm immer wieder die gleichen Schritte wie jene, die zum ersten Mal dabei sind. Das wäre wichtig und zwingend hört man da, leider ohne weitere Begründung. Das Gute an dieser Vorgehensweise ist, dass sie gewiss nicht schadet. Doch führt sie nicht notwendigerweise in die Tiefe, die von ihrem Begründer noch vermittelt werden konnte. Die nüchterne Wahrheit ist: Auch Exerzitien können zur Routine werden. Es werden Impulse zu den immer gleichen Themen angeboten. Hinzu kommen verpflichtende Begleitgespräche, die freundlich und positiv sind, aber oft keine weitere Wegweisung enthalten, sobald die schwereren psychologischen Themen abgearbeitet sind. Die Themen ab den sechsten Exerzitien, ich spitze bewusst zu, heißen „zu viele Gedanken während der Meditationszeit" und „allgemeine Unruhe" – *same procedure as every year*. Und nun?

An dieser Stelle öffnet sich eine Falltür, die der Kontemplation selber inhärent ist, nämlich das Diktum: „Du sollst nichts erreichen". Franz Jalics hat diesen Punkt immer wieder betont. Doch verlieren sich die Hilfestellungen vieler seiner Nachfolger im Ungefähren, mit Hinweisen auf Gnade, die schon alles richten werde, oder auch nicht. Die schlichte Anweisung dazu heißt: Mach einfach immer weiter. Gewiss, die ausgedehnten Zeiten der Stille tun das ihre, um die Zeit auch der zwanzigsten Exerzitien zu einer positiven und immer wieder gesuchten Erfahrung zu machen. Gewiss, Geduld und die Fähigkeit zum Ausharren sind unabdingbar für die Kontemplation und Vertrauen auf die Gnade kann auch nicht schaden. Doch die vage Didaktik des „wir wiederholen immer das Gleiche" ist nach meiner Auffassung keine ausreichende Antwort auf das Dilemma des Nicht-Erreichensollens. Erschwerend kommt hinzu, dass sie, wie so vieles im Leben, weder ganz falsch noch ganz richtig ist. Was ist Erreichen-wollen an dem Wunsch, überhaupt Exerzitien zu besuchen und was davon ist echte Sehnsucht und genuines Gespür dafür, dass da irgendein Mehr hinter der psychologischen Ebene liegt?

Nun ist es nicht so, dass Franz Jalics dafür keine Antworten gehabt hätte. Sie verstecken sich auf den hinteren Seiten seines Exerzitienbuches. Sie verstecken sich auch auf den letzten Seiten seines Spätwerks „Die Geistliche Begleitung im Evangelium". Eingedrungen in die Exerzitien seiner Nachfolger sind diese Anmerkungen nicht wirklich. Schon zu Lebzeiten von Franz Jalics waren in dem von ihm geleiteten Haus Gries immer wieder Versuche unternommen worden, erfahreneren Teilnehmern ein anderes Angebot zu machen, als den

Neulingen. Doch aus Gründen, die mir nicht bekannt sind, wurden diese Ansätze nicht weiterverfolgt.

Meine Anmerkungen sollen einen Versuch darstellen, jenen, die schon mehrfach und sogar vielfach an kontemplativen Retreats teilgenommen haben, eine weitere Tür zu öffnen. Von Thomas Merton möchte ich an dieser Stelle das Bonmot entleihen, das er seiner „Christlichen Kontemplation" vorangestellt hatte: „Wir hoffen aufrichtig", so schreibt er, dass dieses Buch „keine Zeile enthält, die für die christliche Tradition neu wäre."[4] Eine Aussage, der ich mich für die vorliegenden Texte anschließe. Nein, es ist nicht neu, was ich darlegen möchte. Es ist altbekannt und in vielerlei Variationen schon formuliert worden – seit Jahrtausenden, um es deutlich zu sagen, und nicht nur in der christlichen Tradition. Warum aber soll man etwas Altbekanntes wiederholen? Weil ich hoffe, dass es nicht reine Wiederholung, sondern eine Neuformulierung ist, die zu Klärung im zeitgenössischen kontemplativen Kontext beiträgt. Was ich anstrebe, ist eine Präzisierung von Hinweisen, aus dem Wissen heraus, dass jede Generation eigene Zugänge finden muss. Zugänge zu dem Geheimnis, das wir Gott nennen, zum All-Einen, zum Absoluten, wie auch immer man es bezeichnen will.

---

[4] Thomas Merton, Christliche Kontemplation, S. 21

Das hier formulierte, der Leser wird es schon ahnen, ist Frucht und Ausdruck meines eigenen Weges, der mich aus der Kontemplation heraus zu anderen Lehrern, zu anderen Traditionen geführt hat. Was war der Grund für meinen Reisen zu Lehrern wie Rupert Spira, Mooji, Salvadore Poe und in der Literatur immer wieder zu Jean Klein? Es war das Gefühl auch nach den zehnten oder fünfzehnten Kontemplativen Exerzitien etwas Entscheidendes nicht gesagt zu bekommen und nicht voranzukommen auf einem Weg, auf dem einem stets gesagt wird, dass genau dieser Wunsch zur Seite gelegt werden solle. Ich verstand irgendwann nicht mehr, wohin ich mich ausrichten sollte, wenn man sagte, ich solle „wieder in die Ausrichtung kommen". Und vor allem verstand ich nicht, wo die Grenze zwischen Psychologie und Spiritualität sein sollte. Die kontemplativen Exerzitien haben eine starke Kraft, was psychologische Themen angeht. Viele Teilnehmer werden auf diesem Gebiet reich beschenkt, sie erfahren Klärung zuvor verborgener Konflikte und Ängste, auch ich durfte diese Erfahrung machen. Und doch hatte ich das Gefühl, dass die Psychologie nicht die Ebene ist, um die es in der Kontemplation gehen sollte. Schließlich reden wir hier von Gebet, nicht von Psychotherapie. Entsprechend soll es in den folgenden Texten eher um die Gebiete jenseits der Psychologie gehen.

Über das Verhältnis von Spiritualität und Psychologie

Zum besseren Verständnis sei zunächst ein Blick auf das Wesen und die Grenzen der Psychologie gestattet. Sie selbst versteht sich als empirisch fundierte Wissenschaft der Gefühle und Erfahrungen. Wir Laien fassen sie unscharf als Erkenntnislehre all dessen auf, was im weitesten Sinne mit Gefühlen zu tun hat. Die Tiefenpsychologie hat zudem das, was sich dem Denken und der Wahrnehmung zunächst entzieht, in den Blick genommen – unbewusste Gefühle, Wünsche, Impulse und Bilder. An diesem Punkt scheinen sich Psychologie und Spiritualität zu berühren. Denn in der Tat haben die Kontemplativen Exerzitien oft tiefenpsychologisch heilsame Auswirkungen. In den ausgedehnten Zeiten der Stille – ich rede hier von der äußeren Stille – kommen mangels Ablenkungen oft verschüttete Emotionen zum Vorschein. Was dabei vor sich geht, lässt sich mit einem Bild beschreiben, das Sigmund Freud einmal verwendet hat. Er vergleicht die Seele mit einem Theater, aus dem einige Besucher wegen Störens und Lärmens hinausgeworfen wurden. Das heißt, sie wurden verdrängt und sind ins Unbewusste abgewandert. Im Laufe einer Therapie oder eben zehntägiger Exerzitien wollen sie wieder hinein, beziehungsweise wird dieses Hineindrängen erst wahrgenommen und zugelassen. Die Ausgeschlossenen, das weiß der Meditierende zu diesem Zeitpunkt noch nicht, sind nicht auf Krawall aus, sie drängen nach Integration und Versöhnung. Die Türen sind jedoch oft schon vor langer Zeit verriegelt worden und die Platzanweiser des Theaters versuchen zudem, sie von innen zuzudrücken – dies ist der Bereich in dem sich die Störungen unangenehm bemerkbar machen. Freud nennt das den Widerstand – eine unbewusste Funktion zum Schutz des Ich. Solche Prozesse manifestieren sich in den Exerzitien in Form unerklärlicher Schmerzen, unangenehmer somatischer Empfindungen, bleierner Müdigkeit obwohl man ausgeschlafen ist oder Gedanken-gewittern. Diese Phänomene sind nicht, wie Anfän-ger gern vermuten, ein Anzeichen dafür, dass man „es nicht schafft zu meditieren", das Gegenteil ist richtig. Sie zeigen an, dass man im und durch das Meditieren tieferen Schichten des Bewusstseins ermöglicht hat, sich zu öffnen. Die Exerzitien sind dadurch ein oft steiniger Weg, der durchaus mit Schmerzen und lästigen Empfindungen verbunden sein kann. Gerade daraus aber beziehen sie heilende Kraft und setzen sich von oberflächlichen Glücks-programmen ab. Das, was hier passiert, hat nichts mit Selbstoptimierung eines Ichs zu tun. Sondern mit einer tiefen Wandlung, die eben genau nicht vom Ich kontrolliert wird. Die Kraft und Wahrheit dieser Wandlung kommt aus einer „größeren

Ordnung", aus einer Quelle, die vor, nach und unter allen Gefühlen liegt.

Natürlich gibt es auf dem emotionalen Gebiet für spirituelle Sucher auch Fallen. Franz Jalics hat zwei davon benannt: zu große Rigorosität in der Meditation. Also eine Form von Leistungsdrang und Kontrollsucht. Sowie Selbstmitleid über die Unfähigkeit zu meditieren oder zur Ruhe zu kommen. Der amerikanische Psychologe John Welwood, der sich mit der Psychologie des Erwachens[5] beschäftigt hat, identifiziert weitere Haltungen, die spirituelles Wachstum verhindern können. Die eine ist ein Vermeidungsverhalten. Welwood nennt das *spiritual bypassing*, also Verdrängung unerwünschter Gefühle und die Flucht in eine Phantasiewelt eines vermeintlich besseren, dann erleuchteten Lebens. Die Kontemplativen Exerzitien wie auch des Centering Prayer gehen auf diesen Punkt bewusst ein, hier werden Leidenserfahrungen, Schwierigkeiten, Dunkelheiten ausdrücklich adressiert. Welwoods zweite Beobachtung ist eine subtilere. „Manche Menschen", so bemerkt er, „finden es so faszinierend, ihre Gefühle, Archetypen, Träume und Beziehungen zu erforschen, dass sie sich endlos an die Arbeit mit all ihren psychologischen Gegenständen verlieren. Wenn man diese Art der Selbstuntersuchung als das

---

[5] John Welwood, Toward a Psychology of Awakening

ultimative Ziel betrachtet, kann man in einer egozentrischen Sackgasse enden. Wie schon Freud bemerkte, können wir „den Sumpf niemals trockenlegen". Die endlose Konzentration auf unsere inneren Zustände oder Konflikte in der Persönlichkeitsstruktur kann zu einer subtilen Falle werden, die uns daran hindert, über das Persönliche hinaus zu wachsen."[6] Technisch betrachtet erweist es sich in den holperigen Phasen der Kontemplation als hilfreich, sich immer wieder auf das Hier und Jetzt zu sammeln, oder nach der Didaktik der Grieser Exerzitien immer wieder auf die Wahrnehmung von Atem, Händen und der Wiederholung des Namens zurückzukommen. Erst diese innere Ausrichtung, das Verweilen auch unter stürmischen Bedingungen, ermöglicht es den Meditierenden, sich von den Entladungen des Unbewussten nicht überwältigen zu lassen – und genau darauf kommt es an. Erst wenn Dunkelheiten, welcher Art auch immer, dasein dürfen, wenn sie angeschaut und ausgehalten werden, können sie erlöst werden. Auf diesem Weg des einfachen Schauens, der in der Mitte zwischen „nicht verdrängen" und „sich nicht überwältigen lassen" verläuft, sind die meditativen Techniken der

---

[6] John Welwood, S. 13

Fokussierung und Wahrnehmung ein unabdingbares Halteseil um seelische Heilung zu ermöglichen.[7]

Wenn die vermeintlichen oder tatsächlichen Monster aus den Kellern des seelischen Theaters einmal zugelassen wurden und im Zuschauerraum Platz genommen haben, dann erkennt der Betroffene vielleicht andere Facetten an ihnen als nur die bedrohlichen. Manches verwandelt sich, anderes verschwindet. Es ist eine energetische Wandlung und ein wundersamer, staunenswerter und interessanter Prozess. Nichts aus der persönlichen Vergangenheit wird auf diese Weise ungeschehen gemacht. Aber die Dinge finden ihren Platz, das ist das Wesentliche. Sie werden in die Persönlichkeit integriert und verlieren ihren Schrecken. Nun können alle Besucher des Seelentheaters gemeinsam zur Ruhe kommen.

Der kontemplative Weg ist damit allerdings nicht beendet. Er beginnt an dieser Stelle erst. In meinem eigenen kontemplativen Weg war dies zugleich der Punkt an dem ich keine Antworten mehr bekam. Jedenfalls nicht im Kontext der Exerzitien. Zugleich begannen mich die Aussagen der oben bereits genannten Lehrer zu interessieren und zu faszinieren. Was ich in deren *Satsangs* und

---

[7] Es ist dies im Übrigen eine Vorgehensweise, die auch Psychotherapeuten in den Bereichen Körpertherapie und Focusing anwenden.

Retreats erfahren habe? Nichts Anderes, als auch in den Kontemplativen Exerzitien angestrebt wird. Nur formuliert aus einer anderen Perspektive, in anderen Hinweisen und Aussagen. Sammelbegriffe dafür könnten Advaita Vedanta (die Lehre der Non-Dualität) oder der „Direkte Weg" (Direct Path) sein. Ohne lange Meditationszeiten, dafür mit vielen Hinweisen der Lehrer, wird da versucht ganz genau hinzuschauen und so den Blick auf den Urgrund unseres Selbst zu öffnen. Und da ist eben Schluss mit Psychologie, wie im Folgenden gezeigt werden soll. Denn sowohl die akademische Psychologie als auch wir selbst in der alltäglichen Betrachtung unseres Seelenlebens haben ausschließlich die *Inhalte* des Bewusstseins im Blick, während wir das *Bewusstsein selber* vernachlässigen. Als mir dies im Kontext der oben genannten Lehrer aufging, war ich geradezu schockiert. Warum hatte mir dies in den Exerzitien nie jemand gesagt?

Die Hinwendung zum Bewusstsein

Wirklich neu ist das Gewahrwerden des Bewusstseins keineswegs, nicht einmal in der westlichen Psychologie. Schon einer der Gründervater der amerikanischen Psychotherapie, William James, hatte an der Psychologie seiner Zeit kritisiert, dass sie sich allein auf die Inhalte des Geistes fokussierte, den fließenden Strom des Bewusstseins selbst aber ignorierte. Dass sei so, als würde man sagen, dass "ein Fluss aus nichts anderem besteht als aus Eimern voll Wasser, Löffeln voll Wasser, Fässern voll Wasser und andern Formen von Wasser. Selbst wenn die Eimer und Töpfe alle im Fluss stehen würden, würde das freie Wasser zwischen ihnen weiter fließen."[8] Indem er die Aufmerksamkeit auf den Fluss des Bewusstseins lenkt, auf das freie Wasser, das nicht auf seine Formen beschränkt werden kann, kommt James schon im späten 19. Jahrhundert dem (natürlich viel älteren) buddhistischen und hinduistischen Verständnis des Bewusstseinsstroms nahe. Die östliche Seelenkunde geht jedoch noch einen Schritt weiter. Sie anerkennt eine noch größere Dimension des Bewusstseins – das Vorhandensein des nicht-begrifflichen Gewahrseins. Und auch dies ist im Westen nicht unbekannt. Es wurde hierzulande

---

[8] John Welwood, S. 51

„Gott" genannt. So stellte jedenfalls der spanische Mystiker Miguel de Molinos in seinem Buch „Guía espiritual" von 1675 fest:

> „Das Wesentliche der (kontemplativen) Gebetsübung besteht darin, sich vertrauend in die Hände Gottes fallen zu lassen… Er (der Betende) macht schon bald die wichtige Erfahrung, dass allem Tun ein Nichttun, allem Denken ein Nichtdenken und allem Fühlen ein Nichtfühlen vorausgeht."[9]

Die „Wolke des Nichtwissens", eine benediktinische Anleitung zum kontemplativen Gebet aus dem 14. Jahrhundert und Grundlage für das später formulierte Centering Prayer, meint mit ihrem Titel dasselbe, nämlich jenen Bereich der Seele, der vom diskursiven Denken nicht erfasst werden kann – Nichtwissen im Sinn von „begrifflich nicht erfassbar". Denn im Gegensatz zu den Formen, die es annimmt – Denken, Fühlen, Wahrnehmung – hat Bewusstsein selber keine Gestalt. Der Meister der Wolke fasst das in dem Satz zusammen: „Es geht (für den kontemplativ Betenden) nicht darum zu begreifen, *wie* und *was* er ist, sondern zu gewahren,

---

[9] Peter Dyckerhoff, Finde den Weg. Geistliche Wegweisung nach Miguel de Molinos, S. 29

dass er ist."[10] *Das* markiert den Unterschied zwischen Psychologie und Spiritualität. Während sich diese per Definition und Notwendigkeit mit wahrnehmbaren Objekten (Gefühlen, Empfindungen, Gedanken) befasst, ist das Gebiet der anderen das umfassende Sein, dass Gefühle und Gedanken erst ermöglicht. Von dem spirituellen Lehrer Mooji habe ich die originelle Beobachtung im Gedächtnis, dass er fragt: „Wir machen uns so viele Gedanken darüber, wo unsere Gefühle herkommen. Aber wo gehen sie eigentlich hin?" Dauerhaft sind Gefühle ganz sicher nicht. Doch über ihren Verbleib macht sich kaum jemand Gedanken. Wohin gehen sie?

Wenn die Inhalte des Geistes wie Eimer in einem Strom schwimmen, und der Geistesstrom wie das dynamische Fließen des Wassers ist, so ist reines Gewahrsein wie das Wasser selbst, formuliert John Welwood.[11] Manchmal ist das Wasser still, manchmal ist es turbulent; doch es bleibt immer, was es ist: Wasser. Die Tendenz unseres Geistes, sich an feste Formen zu klammern, ist ein tief verwurzeltes, kaum hinterfragtes und automatisiertes Verhalten. Es gleicht einem Vogel, der aus Angst vor dem Fliegen immer nach dem nächsten Ast sucht. Ständig auf der Suche nach einer Überzeugung, einer Einstellung, einem Begriff, einer Identität oder einer emotionalen Reaktion, an der

---

[10] Wolke des Nichtwissens, S. 154
[11] John Welwood, S. 50

wir uns festhalten können, übersehen wir den größeren Raum des Bewusstseins, der jene Reaktionen erst ermöglicht.

Auf das Gewahrsein selbst hinzuweisen haben sich nicht wenige und insbesondere die genannten Lehrer des Direkten Wegs zur Aufgabe gemacht und sie setzen dabei nicht auf Meditation, sondern auf das gesprochene Wort. Ihre Lehren können starke Kraft entfalten, gerade weil sie auf etwas jenseits von Gefühlen und Gedanken hinweisen. Doch auch in ihren Retreats trifft man, so ist jedenfalls mein Eindruck, Menschen, die eher suchen als finden, selbst wenn diese Veranstaltungen mit „The Last Satsang" oder „Das Ende der Suche" betitelt sind. Das Gras ist auf der anderen Seite des Zauns eben auch nicht grüner. Jene Lehren haben ihre eigene Problematik, insbesondere die einer verkopften Wissensaneignung, die mit wahrem Erkennen und tieferer Verwirklichung nichts zu tun hat. Dennoch: Der Blick hinüber kann uns auf der kontemplativen Seite helfen, Schleier aufzulösen, die die Sicht auf das Wesentliche verstellen.

Mein eigener Weg führte mich also „nach Indien" und wieder zurück. Was so nicht ganz stimmt. Denn selbst wenn jene Lehrer ganz andere Zugänge empfehlen als Kontemplation, habe ich die Praxis des kontemplativen Gebets nie aufgegeben. Die Unterweisungen der genannten Lehrer wären für mich leer geblieben, wenn ich nicht vieles davon in die Meditationszeiten mitgenommen hätte. Am

Ende habe ich die Kombination beider Ansätze als fruchtbar erfahren. Der Versuch dieser Texte ist es also, das Beste aus beiden Welten zusammenzuführen und so insbesondere für langjährig Meditierende eine andere Ansprache und andere Hinweise zu geben, als die allfälligen Schritte der Kontemplativen Exerzitien. Die sind uns bekannt, die können wir – springen wir also direkt hinein in die Tiefen der Kontemplation.

Die Praxis

„Gleich von Anfang an betonen wir den ultimativen Nicht-Zustand, das Gewahrsein selbst. Da gibt es keine Entwicklung von einem Zustand oder einer Ebene auf eine andere. Gedanken tauchen in diesem Gewahrsein auf. Man kann in der Meditation keinen Fortschritt machen."
Jean Klein[12]

Was soll man besser machen, als Franz Jalics es hätte machen können? Nichts. Die Frage ist eine andere. Was kann man jenen anbieten, die schon vielfach an Exerzitien teilgenommen haben, die über viel Meditationserfahrung verfügen und die die üblichen Antworten kennen?

Es gibt dazu, ganz praktisch betrachtet, eine probate Antwort, nämlich die Art und Weise der Kontemplation, wie sie von Thomas Keating und seinen Nachfolgern unterrichtet wird. Die Didaktik des Centering Prayer (Gebet der Sammlung) verzichtet auf Schritte der Annäherung und Ein-übung, wie sie Franz Jalics vorgeschlagen hat. Sie stößt die Übenden ohne Umschweife ins Wasser. Erfahrene Meditierer dürfen sich durchaus trauen, auf diese Weise zur Sache zu kommen.

Der Weg des Centering Prayer wird üblicherweise so zusammengefasst:

---

[12] Jean Klein, Nichts als Gegenwart, S. 38

Wähle ein Heiliges Wort als Zeichen deiner Zustimmung zu Gottes Gegenwart und Gottes Wirken.
Sitze aufrecht und bequem und sprich das Heilige Wort als inneren Klang, vor allem und nur dann, wenn du gerade von Gedanken fortgetragen wirst. Das Wort ist Symbol deiner Zustimmung zu Gottes Gegenwart und zu Gottes Wirken in dir.

Folge keinem Gedanken.

Bekämpfe keinen Gedanken.

Beantworte keinen Gedanken.

Kehre immer wieder sanft zu deinem Wort zurück.
Als „Gedanke" gilt hier jedes Objekt der Wahrnehmung, das unsere Aufmerksamkeit bindet, seien es Gedanken, Empfindungen, Gefühle, Zustände oder Geräusche.

Was auch immer in der Zeit der Kontemplation an Empfindungen und Gefühlen auftaucht, es ist in Ordnung. Lass es da sein und sich entfalten wie es will. Dies gilt insbesondere für Körperempfindungen. Wenn man bemerkt, dass man sich in Gedanken verliert, kehrt man sanft zu seinem heiligen Wort zurück.

Wenn du 10.000 Mal abschweifst, sind das 10.000 Gelegenheiten, zu Gott zurückzukehren. Zentrum ist das wiederholte und bewusste Zurückkehren in die Gegenwart und ein offenes Gewahrsein für das, was ist.

Wie man sieht, besteht der hauptsächliche Unterschied zum Grieser Weg darin, dass keine Gebetsworte und keine Abfolge von spezifischen Körperwahrnehmungen vorgegeben werden. Auch die „mantrische Gebetsweise", die ununterbrochene Wiederholung des Namens Jesus Christus mit dem Aus- und Einatmen ist hier nicht empfohlen, sie wird sogar ausdrücklich verworfen. Es wird einzig empfohlen, das Gebetswort während einer Zeiteinheit nicht zu wechseln. Hier wie dort geht es um Wahrnehmung dessen, was ist, aber auch um eine Ent-Identifizierung mit den Objekten der Wahrnehmung. Sie sollen nicht geleugnet, bewertet oder verdrängt werden. Die Körperwahrnehmung (sie ist ebenfalls ein Objekt der Wahrnehmung) hilft gelegentlich dazu, sich nicht überwältigen zu lassen, falls einmal starke emotionale Wellen auftreten sollten. Bei erfahrenen Meditierenden ist dies eher selten zu erwarten. Phasen unkontrollierbarer Gedankentätigkeit bleiben dagegen lange erhalten – es gilt, den Gedanken ihren Lauf zu lassen und sich davon nicht mehr als nötig irritieren zu lassen. Therese von Avila hat dazu nur angemerkt: „Lass die Mühle klappern."
Beide Wege betonen, dass es nicht um Konzentration geht. Wobei der Grieser Weg des

Franz Jalics (benannt nach dem Haus Gries, in dem er lange gewirkt hat) mehrere Phasen gerichteter Aufmerksamkeit vorsieht – auf die Hände, auf den Atem, auf die Gebetsworte, während das Centering Prayer konsequent auf gerichtete Aufmerksamkeit verzichtet. Das letztere ist nicht nur ein bemerkenswerter Unterschied zu fast allen anderen Meditationsschulen. Sondern eine bedeutsame Nicht-Technik, die das Gebet der Sammlung von Anfang an zu einem Gebet der Hingabe macht. Thomas Keating schreibt dazu:

> "Das heilige Wort kommt aus dem Herzen und hallt in der Vorstellungskraft nur kurzzeitig nach, während ein Mantra oder ein konzentrativer Prozess dazu dient, den Gedankenfluss zu verlangsamen. Die primäre Funktion des heiligen Wortes besteht nicht darin, die Gedanken zu verdrängen oder sie auszudünnen. Vielmehr soll es unsere Absicht zum Ausdruck bringen, Gott zu lieben, in Gottes Gegenwart zu sein und uns dem Wirken des Heiligen Geistes während der Zeit des Gebets zu unterwerfen."[13]

---

[13] Thomas Keating, Invitation to Love, S. 68, (Übersetzung Christian Tröster)

Ein feiner Unterschied scheint also darin zu bestehen, dass Franz Jalics die Wahrnehmung betont (immer wieder zur Wahrnehmung zurückkehren) während es beim Centering Prayer um eine wiederholte Rückkehr in das ungerichtete, offene und bewusste Gewahrsein geht. Sie treffen sich in Aussagen etwa von Franz Jalics wie dieser: „Bilder, Texte und Symbole sind Mittel zur Gegenwart Gottes zu kommen. Als Mittel helfen sie auf dem Weg zu Ihm, bis der Moment kommt, wo man ihrer nicht mehr bedarf."[14]

---

[14] Franz Jalics, Kontemplative Exerzitien, S. 267

Am Ende anfangen oder: Wer bin ich?

„Ich vermag nicht ganz zu erfassen, was ich bin. Ist denn der Geist zu eng, sich selbst zu fassen? Wo ist denn das, was er von sich selbst nicht fassen kann? Ist's etwa außer ihm und nicht in ihm? O nein, und doch kann er's nicht fassen! Da steigt ein großes Verwundern in mir auf, Staunen ergreift mich. Und die Menschen gehen hin und bewundern die Bergesgipfel, die gewaltigen Meeresfluten, die breit daherbrausenden Ströme, des Ozeans Umlauf und das Kreisen der Gestirne und vergessen darüber sich selbst."
Augustinus[15]

„Alles ist schon da."
Franz Jalics[16]

Die beschriebene Methodik der Kontemplation ist eine äußere und praktische Hilfestellung. Damit verbunden sind jedoch Hinweise, die widersprüchlich erscheinen. Insbesondere der, dass nichts angestrebt werden soll. Wenn, „alles schon da ist", und es tatsächlich nichts zu erreichen gibt, wie sowohl Thomas Keating wie auch Franz Jalics nicht müde werden zu betonen, was soll dann die Meditation? Es gäbe keine Wegstrecke zurückzulegen und keinen Aufwand zu betreiben. Das Ziel wäre schon erreicht und mit der Meditation müsste man sozusagen am Ende anzufangen und wieder

---

[15] Augustinus, Bekenntnisse, S. 256
[16] Franz Jalics, Kontemplative Exerzitien, S.281

aufhören – also jetzt. Tatsächlich bedeutete es, dass man entweder nie meditiert oder immer. Alle Gegensätze wären aufgelöst und die Konsequenz wäre eine umfassende Bejahung der Wirklichkeit, eine uneingeschränkte Akzeptanz all dessen, was jetzt ist. Und zwar schon bevor wir uns zur Meditation aufs Kissen setzen und danach sowieso. Um es vorwegzunehmen: Ja, genau darum geht es. Und genau das fällt uns so schwer zu akzeptieren. Diese kleine, schäbige Gegenwart, die wir unseren Alltag nennen, soll Ausdruck von Gottes Willen sein? In dieser belanglosen halben Stunde, in der in der Meditation wieder einmal nichts Besonderes passiert ist, soll vom Heiligen Geist durchdrungen sein? Der große Meister der Hingabe, Jean-Pierre de Caussade, ein Jesuit des 18. Jahrhunderts, meinte exakt das, als er formulierte: „Wenn alles, was der Gott hingegebenen Seele zustößt, das einzig Notwendige ist, so kann ihr begreiflicherweise nichts fehlen und sie hätte sich nie zu beklagen."[17]
Und doch: Irgendetwas scheint immer zu fehlen zum Glück, zur Liebe, zum Frieden. Warum? Weil wir, oft bewusst oder unbewusst, meinen, „es" noch nicht erreicht zu haben, die Glückseligkeit, die Erleuchtung oder Gotteinung, wie auch immer man es nennen will. Jedenfalls etwas, das doch bitte ein klein bisschen besser sei, als das, was jetzt gerade da ist. Dies beschreibt meiner Erfahrung nach eine

---

[17] Jean-Pierre de Caussade, Hingabe ans Jetzt, S. 51f

verbreitete Motivation an Exerzitien und ausgedehnten Retreats teilzunehmen – es ist gewiss nicht die einzig mögliche, und auch keine falsche. Idealerweise führt die Kontemplation nämlich für jene, die mit einem Mangelgefühl angetreten waren, nicht dazu, dass der Mangel behoben wird. Sondern dazu, dass erkannt wird, dass nie ein Mangel vorhanden war – jedenfalls nicht auf der Ebene des Bewusstseins. Deshalb untergräbt Franz Jalics auch explizit jede Erwartung auf eine zukünftige, dann endgültige Erlösung, indem er sagt: „Das Eins-Sein ist schon verwirklicht."[18]

Warum also soll man die Schritte seiner Exerzitien durchlaufen oder zwanzig Jahre lang meditieren? Und womöglich sind zwanzig Jahre gar nicht genug. Sollen wir vielleicht, wie viele glauben, erst nach dem Tod „Gott schauen" und endgültige Erlösung erfahren? Noch höher haben die ansonsten sehr beliebten Buddhisten die Latte gelegt. Hier reicht ein einziges Leben der Meditation nicht aus. Es werden gleich mehrere Wiedergeburten und viele weitere Leben veranschlagt, um Befreiung zu erlangen.

Die gute Nachricht ist: Nein, man muss nicht zwanzig Jahre meditieren, um Befreiung zu realisieren. Auch nicht fünf oder drei. Meditation hilft tatsächlich nicht, ein Ziel zu erreichen. Aber sie

---

[18] Franz Jalics, Geistliche Begleitung, S. 153

hilft, wenn es gut läuft, sich von dem zu lösen, was den Blick auf die Wirklichkeit verstellt. Sie bewirkt eine Loslösung von dem, was in der östlichen Literatur Maya genannt wird und in der christlichen Tradition das Geschaffene, im Gegensatz zum Ungeschaffenen, also Gott. Um das immer deutlicher zu erkennen, hilft es, sich den Start- und Zielpunkt dieser Nicht-Bewegung genauer anzuschauen und hier kommen die Lehren des Direkten Wegs ins Spiel. Es sind Lehrer wie Rupert Spira, Francis Lucille und andere, die mit ihren Fragen Hilfestellung geleistet haben – unter Berufung auf alte spirituelle Traditionen, insbesondere den Geist der Upanischaden, auf Ramana Maharshi, den großen Guru des vergangenen Jahrhunderts, aber auch auf den Sufismus. Ihre Hinweise sind eine starke, ja befreiende Ergänzung des Kontemplativen Gebets, insbesondere für jene, die es schon langjährig praktizieren. Sie können helfen, verbreitete Vorstellungen aufzulösen wie „Ich war schon da, aber nun ist ,es' wieder weg", oder „fast habe ich ,es' schon erreicht, nur ein Retreat noch, ein Buch noch, dann... ."

Ein Schlüssel, derlei Ideen den Boden zu entziehen, ist die Erforschung von Bewusstsein (Self Inquiry). Tatsächlich gibt es zwischen dem Direkten Weg und der Kontemplation nicht wirklich einen Gegensatz, nur eine andere Schwerpunktsetzung. Die aber kann am Ende den Unterschied machen. Man kann feststellen, dass die Selbst-Erforschung in den gängigen Anweisungen zur Kontemplation bereits angelegt ist, ohne allerdings explizit ausgeführt zu werden. Dies verleiht den Anleitungen etwas Unscharfes und manchmal unbefriedigend Unpräzises, das leider verbunden ist mit der Aussage, dass man über das tiefste Wissen ohnehin kaum sprechen könne, weil es sich der Begrifflichkeit entziehe. Es geschenkt zu bekommen sei allein von der Gnade abhängig. „Das ist ein langer Weg", sagt Franz Jalics, „erst in diesen Seelentiefen nehmen wir wahr, wie wir in Gott sind und wie Gott in uns ist. Wir werden gewahr, dass wir Kinder Gottes sind. Das ist aber eine ganz große Gnade, die man nicht selber machen kann."[19] Ich vertrete im Folgenden, bei allem Respekt, eine andere Auffassung, nämlich die, dass genaueres Hinschauen hilft und dass man der Gnade auf diese Weise vielleicht sogar den Weg ebnen könnte.

Wir sprachen von dem, was in der Kontemplation angelegt ist. Wir sind für die Zeiten der Kontemplation aufgefordert uns nicht in Gedanken, Gefühle, Empfindungen, sprich: in Objekte der Wahrnehmung, verwickeln zu lassen, sie „loszulassen". Sich auf sie einzulassen, das ist Konsens sämtlicher Meditationsschulen, führte auf die falsche Spur, um das wenigste zu sagen. Täte

---

[19] Franz Jalics, Kontemplative Exerzitien, S. 339

man das, suchte man das Ewige im Ephemeren, in Erfahrungen, Erzählungen, Ereignissen und Erinnerungen, denen gemeinsam ist, dass sie nicht von Dauer sind, wenngleich auch manchmal äußerst hartnäckig. Dazu später mehr.

Eng und geradezu logisch verbunden mit der Frage des Loslassens, ist die Frage, wer loslässt, oder was übrigbleibt, wenn alles losgelassen ist. Dies wird in den gängigen Unterweisungen zur Kontemplation aber nur am Rande und in Andeutungen thematisiert. Oder ganz ans „Ende des kontemplativen Weges" geschoben. Franz Jalics, obwohl er von dieser Spiritualität durchdrungen war, widmet ihr nur ein kurzes Kapitel in seinem letzten Buch, der „Geistlichen Begleitung im Evangelium". Dort formuliert er: „Die Wende von der Spiritualität des Schauens zur Spiritualität des Seins geschieht dadurch, dass die Aufmerksamkeit auf die Wurzel des Ichs selbst, auf den Seelengrund, auf die innere Sonne gerichtet wird... Mit der Frage ‚Wer bin ich?' geht man in eine neue und unbekannte Dimension hinein."[20]

Auch Martin Laird, ein amerikanischer Augustinerpater, sieht das so. In seinem Buch „Into the Silent Land" ist es erst das letzte Kapitel, das die Überschrift trägt: „Wer bin ich? Die Geschichte eines monastischen Scheiterns". Dort sagt der fiktive Vater Alypius: „Wenn du deine Aufmerksamkeit von

---

[20] Franz Jalics, Geistliche Begleitung, S. 146

den wahrgenommenen Objekten abwendest und auf die Aufmerksamkeit selbst richtest, dann ist da nur eine stille, weite Offenheit, die nie verwundet worden ist, die nie beschädigt, verärgert, verängstigt oder unvollständig ist. Das bist du!" Und später fragt der Lehrer den Schüler, „um den herum eine große Ruhe" war: „Du hast die Frage ,Wer bin ich?' gemeistert. Nun möchte ich dich fragen: ,Wer ist Jesus Christus?' Der junge Mann war in einen stillen, inneren Blick versunken und als Vater Alypius ihn anschaute, hellte sich sein Gesicht auf. Er konnte sehen, dass der junge Mann es wusste."[21]

Wie also kann man die Frage nach dem Ich oder besser dem Selbst meistern, ohne in den allfälligen Fußangeln der Grübelei oder des Raisonnierens hängenzubleiben? Grundlegend wichtig erscheint mir zunächst, zwischen Bewusstsein/Gewahrsein auf der einen Seite und Aufmerksamkeit/Achtsamkeit auf der anderen Seite zu unterscheiden. Aufmerksamkeit oder „Bewusstsein von etwas" meint gerichtetes Bewusstsein auf ein Objekt hin, seien es Gefühle, Gedanken, Empfindungen oder Sinneswahrnehmungen wie Töne oder visuelle Reize. Es ist eine begrenzte Version des größeren Bewusstseins. Bewusstsein an sich oder „Bewusstsein ohne spezifisches Objekt" meint das unmittelbare Wissen um alles Wahr-

---

[21] Martin Laird, Into the Silent Land, S. 142

genommene in diesem Moment, inklusive des Wissens um sich selbst. Es ist das um sich selbst wissende „Medium" oder der um sich selbst wissende „Raum", in dessen Totalität alle Objekte aufscheinen und in der sie wieder verschwinden.

Die oben genannten Zitate von Franz Jalics und Martin Laird verwenden das Wort Aufmerksamkeit in unscharfer Weise. Sucht man, wie dort vorgeschlagen, nach dem Selbst mit gerichteter Aufmerksamkeit, wird man nicht nur zu keinem Ergebnis kommen, sondern sich wahrscheinlich in gedanklichem Wirrwarr verkrampfen. Aufmerksamkeit ist per definitionem eine Bewusstseinsressource, die auf Objekte bezogen ist. Das Selbst aber kann sich nicht als Objekt erkennen, erstens weil es mit sich selber identisch ist, also sozusagen zu nah für die Aufmerksamkeit. Und zweitens, weil es gar kein Objekt ist. Daher die kluge Kontemplationsanweisung des Centering Prayer, sich nicht auf Objekte zu fixieren, sondern sie loszulassen. Und zwar alle, selbst die frommsten und erhabensten. Cynthia Bourgeault spricht an dieser Stelle sehr deutlich vom „Subjekt-Objekt-Modus" als „Standardeinstellung des egoischen Verstandes." Diesen gelte es im Gebet der Sammlung abzulegen.[22] Ähnlich heißt es in den Shinjin-Mei

---

[22] C. Bourgeault, Das Herz im Gebet der Sammlung, S. 42

genannten Versen aus dem chinesischen Chan-Buddhismus, eine der frühesten Quellen des Zen:

> „Das Objekt ist Objekt wegen des Subjekts. Das Subjekt ist Subjekt wegen des Objekts. Willst du beide Ebenen kennen, sind sie ursprünglich die eine Leerheit."

Das Verlassen des Subjekt-Objekt-Modus im Sinne des Centering Prayer gilt am Ende sogar für alle Formen von Mantren oder Körperwahrnehmungen, die ja ebenfalls subtile Subjekt-Objekt-Konfigurationen sind. Sie können als vorläufige Hilfsmittel angesehen werden, die aber irgendwann überflüssig werden müssen, nämlich dann, wenn man von der Aufmerksamkeit zum ungerichteten Gewahrsein oder zum bewussten Bewusstsein übergeht. Konsequenterweise gilt das heilige Gebetswort im Centering Prayer nicht als Mantra oder Fokus, sondern als ein Zeichen oder eine Art Markierung für den Moment, in dem man sich nach Ablenkungen und Tagträumereien wieder in die bewusste Gegenwart zurückruft. Man könnte diese Wendung auch als „von der Wahrnehmung zum Gewahrsein" bezeichnen, weil Gewahrsein den Wissenden in die Wahrnehmung einschließt. Wird dieser Übergang nicht vollzogen, wird man in der meditativen Praxis vermutlich irgendwann stagnieren.

Sicher ist auf jeden Fall: Der Versuch sich selbst objektiv zu erkennen, also die Aufmerksamkeit auf sein innerstes Selbst zu richten, wird so enden, wie der Versuch des Auges, sich selbst anzuschauen. Es geht nicht. Wir alle waren wahrscheinlich in Zeiten der Meditation schon an dem Punkt, an dem wir das größere Ganze erspürten. Und zugleich auch die Erfahrung machen mussten, dass es sich wieder verflüchtigte, in dem Moment, in dem wir es erfassen wollten. Solche Versuche, das muss man in der Meditation bitter lernen, sind wie Versuche, über den eigenen Schatten zu springen oder das Licht besonders schnell einzuschalten, um die Dunkelheit zu sehen. Der entscheidende Punkt ist der Unterschied zwischen Aufmerksamkeit und Gewahrsein. Mittels gerichteter Aufmerksamkeit kann man jede Art von Objekten erkennen, aber eben nur Objekte, nicht das Subjekt. Um es in einem weiteren Bild auszudrücken: Die Aufmerksamkeit arbeitet wie die Taschenlampe, die jedes Objekt im Raum mit ihrem Strahl erfassen kann. Nur eins kann der Lichtstrahl nicht beleuchten: die Lichtquelle selbst.

Damit kann man feststellen, dass die Aufmerksamkeit sozusagen die Komplizin des objektivierenden Denkens, und mit ihm zusammen die Gefangene des personalen Ichs ist. Und tiefer noch: Das Ego wird durch die gerichtete Aufmerksamkeit erst konstituiert, als Subjekt-Objekt-Konfiguration. Zugleich strebt es bewusst oder unbewusst nach Befreiung von seiner eigenen Beschränktheit, also nach Glück. Doch fehlen ihm per definitionem die dazugehörigen Mittel. Es ergreift regelhaft zu unzulänglichen Maßnahmen: Aktivitäten, Beziehungen, Alkohol, Tabak, Drogen, Medienkonsum, übermäßige Arbeit seien genannt, es werden noch mehr sein. Gemeinsam ist allen, dass sie nur vorübergehend helfen, was ungesunde Kreisläufe in Gang setzen kann: Immer mehr zu wollen von dem, was dauerhaft nicht hilft. Der Komplex ist oft beschrieben worden und muss hier nicht wiederholt werden.

Um zum Thema zurückzukehren: gerichtete Aufmerksamkeit ist nicht in der Lage, das Selbst zu erkennen.

Der zweite Punkt ist noch grundlegender: Das Selbst (=Bewusstsein) ist, anders als das personale Ich oder Ego, kein Objekt. Wie soll man das verstehen? Tatsächlich kann man über jedes Objekt der Wahrnehmung – seien es Gefühle, Gedanken, Empfindungen oder jegliche Objekte außerhalb des Körpers – sagen: Dies wird wahrgenommen. Nur von wem? Bevor wir darauf antworten, stellen wir fest, dass man mit dieser Erkenntnis eine innere Distanz zwischen sich selbst und die Objekte der Wahrnehmung legen kann, beziehungsweise dieses Verhältnis wird bewusster gemacht. Weiter kann man aussagen, dass sämtliche Objekte der Wahrnehmung nicht von Dauer sind. Sie tauchen auf, sind da, verschwinden wieder. Jeder Gedanke hat einen Anfang und ein Ende, das gleiche gilt für Empfindungen und Sinneswahrnehmungen. Die Objekte der Wahrnehmung sind also unstet und somit unzuverlässig in ihrem Glücksversprechen. Dummerweise, Stichwort personales Ich, sind wir es aber gewohnt, uns mit dem Wahrgenommenen zu identifizieren statt mit dem, was wahrnimmt. Wir sehen uns als klug oder dumm an, deutsch oder chinesisch, Mann oder Frau, als Opfer oder Täter, gesund oder krank an. Wir sagen: ich bin hungrig oder durstig, wütend oder ruhig, jung oder alt. Aber woher wissen wir das? Was ist das Wesen des Wissenden, des Bewusstseins? Das ist die entscheidende Frage. Gelegentlich wird an dieser Stelle der Begriff des „Zeugen" eingeführt, den ich aber für irreführend halte, da er eine Personalität unterstellt. Etwas passender, weil weiter gefasst, wäre „bezeugendes Bewusstsein". Doch wir wollen an dieser Stelle, statt nach Begriffen zu suchen, zum Punkt kommen, nämlich nach dem Wesen des Bewusstseins, nach dessen Eigenschaften zu fragen. Tun wir das, werden wir feststellen, dass wir zu keinem objektiven Ergebnis kommen können. Hat es eine Form, eine Größe, ein Geschlecht, eine Farbe, eine Stimmung? Nein, denn diese sind Objekte der Wahrnehmung, nicht das Wahrnehmende selbst. Wenn wir sagen: „Dort ist es zu Ende!", muss man sagen: Auch das mögliche Dahinter ist *im* Bewusstsein. Daraus folgt: Man kann am

Bewusstsein selber keine Eigenschaften feststellen. Es ist formlos und eigenschaftslos, zugleich allgegenwärtig, allwissend und selbstleuchtend[23]– das ist eine große Aussage und eine große Erkenntnis.

In den Lehren von Advaita spielt im Zusammenhang der Unendlichkeit des Bewusstseins auch die Frage nach dem Tiefschlaf eine Rolle. Ist es nicht so, wird da oft von den Schülern gefragt, dass man im Tiefschlaf kein Bewusstsein habe, es dort also nicht vorhanden, also zu Ende sei? Doch die Gegenfrage lautet: Hast du Bewusstsein jemals verschwinden sehen? Und wenn ja: Wer hat es verschwinden sehen? Bewusstsein müsste für diese Beobachtung ja wiederum anwesend gewesen sein. Tatsächlich verschwindet im Tiefschlaf nicht Bewusstsein, sondern der Inhalt des Bewusstseins. Deshalb hat man daran auch keine Erinnerung. Aber eine Erfahrung hat man doch. Wird man gefragt, wie man geschlafen habe, sagt man: Wunderbar! Rupert Spira hat in seinen Büchern und Vorträgen diese Fragen bis ins Detail aufgelöst. Ich empfehle sie ausdrücklich. Für unsere Zwecke reichen hier die Aussagen: Bewusstsein ist,

---

[23] Auf die Frage, ob Allwissenheit usw. Eigenschaften sind, kann ich hier nicht weiter eingehen. In bin mir der Begrenztheit der Begriffe bewusst, ebenso der Notwendigkeit, dass wir sie zur Kommunikation eben brauchen.

weil man an ihm keine objektiven Qualitäten feststellen kann, unendlich oder besser dimensionslos. Es wird deshalb auch als still oder leer beschrieben – Attribute, die allerdings nur Annäherungen sein können.

Und weiter: Kannst du mir ein Objekt außerhalb von Bewusstsein zeigen? Das ist in diesem Zusammenhang eine fundamentale Frage. Die Antwort ist gar nicht so schwer und auch nicht so philosophisch verkopft, wie manche annehmen: Nein, es ist nicht möglich. Niemand hat jemals etwas außerhalb von Bewusstsein erfahren. Warum glauben wir, dass es das gibt?
Ein Freund von mir, ein Fotograf, meinte, diese Aussage mit einer automatischen Kamera aushebeln zu können, mit der er einen Raum aufnehmen wollte, in dem sich gerade niemand befindet. Doch ist dies eine Scheinlösung, denn sowohl beim Aufstellen der Kamera wie auch bei der späteren Auswertung der Aufnahmen ist Bewusstsein präsent. Womit wir feststellen können, dass der Fotograf zu keinem Zeitpunkt irgendetwas außerhalb von Bewusstsein feststellen konnte. Die Schlussfolgerungen aus dieser Feststellung sind gewaltig: Das gesamte Universum ist nicht vor, sondern im Bewusstsein. Egal ob sich jemand mit winzigen Molekülen oder fernen Sternen beschäftigt: Keine Erkenntnis, keine Erfahrung davon findet außerhalb von Bewusstsein statt.

Deshalb kann man sagen: Es ist allgegenwärtig, weil wir niemals irgendwo waren, wo Bewusstsein nicht ist. Es ist allwissend, weil wir nie etwas getan oder gedacht haben, das Bewusstsein nicht weiß. Es ist makellos, unbefleckt, weil es keine Eigenschaften hat. Und es weiß um sich selbst als „Ich bin". Dies ist zugleich der Gottesname, der Moses in der Wüste offenbart wurde.

Später scheint in der Bibel gelegentlich ein Wissen darüber auf, dass Bewusstsein schon vor der „Welt" da war. So heißt es im Buch der Sprüche (8, 22f) über die Weisheit und von ihr gesprochen:

> Der Herr hat mich geschaffen als Anfang seines Weges, vor seinen Werken in der Urzeit; in frühester Zeit wurde ich gebildet, am Anfang, beim Ursprung der Erde. Als die Urmeere noch nicht waren, wurde ich geboren, als es die Quellen noch nicht gab, die wasserreichen. Ehe die Berge eingesenkt wurden, vor den Hügeln wurde ich geboren. Noch hatte er die Erde nicht gemacht und die Fluren und alle Schollen des Festlands. Als er den Himmel baute, war ich dabei, als er den Erdkreis abmaß über den Wassern, als er droben die Wolken befestigte und Quellen strömen ließ aus dem Urmeer, als er dem Meer sein Gesetz

gab und die Wasser nicht seinen Befehl übertreten durften, als er die Fundamente der Erde abmaß, da war ich als geliebtes Kind bei ihm.

Allmächtig, um auch das noch hinzuzufügen, ist Bewusstsein auch, in dem Sinn, dass nichts es besiegen kann. Wie sollte ein Objekt, das im Bewusstsein aufscheint, größer sein können, als Bewusstsein selber? „In ihm war das Leben, und die Finsternis hat es nicht erfasst", heißt es im Johannesevangelium über Christus. Zugleich ist Bewusstsein bedingungslos, was ein Synonym für Liebe ist. Es lässt alles zu. In Zeiten tiefer Depression ebenso wie in Zeiten der Freude, beim Arbeiten wie bei jeder anderen Beschäftigung kann ich mich fragen: Bin ich bewusst? Und die Antwort ist immer: Ja. Bewusstsein ist präsent und offen für alles, sei es schrecklich oder schön, langweilig oder aufregend – wie ein Bildschirm, auf dem alle möglichen Arten von Filmen laufen können. Und das bin ich. Das Wahrnehmende und Wissende ist das wahre Selbst, das nicht durch Aufmerksamkeit erkannt werden kann. Aufmerksamkeit hat immer eine Richtung. Doch jede Richtung, in die ich mich wende, um es zu finden, ist die falsche Richtung, denn ich bin es schon. Deshalb sprechen wir von ungerichtetem Gewahrsein. Bewusstsein ist da und wir wissen darum als die Tatsache, dass „ich bin".

Dass dieses wahre Selbst kein Objekt ist, ist eine gute Nachricht. Denn was kein Objekt ist, kann nicht zerstört, geteilt oder beschädigt werden. Es ist ungeboren und unsterblich. Wer dies als Wurzel und Grund seines Lebens erkannt hat, kann in Vertrauen selbst die schwierigsten Situationen meistern. Es ist die absolute Sicherheit in unserem Leben und wahrscheinlich das, was Jesus mit dem Fels meint, auf dem das Haus des Lebens errichtet sei. Hier steht es unerschütterlich. Wer sein Leben dagegen auf eine Identität stützt, die auf Gefühle, Konzepte, Erinnerungen und Überzeugungen gegründet ist, dessen Haus wird weggespült, weil es auf unsicherem Grund, auf „Sand" errichtet ist. (z.B. LK 16,47) „Gott ist reines Bewusstsein", hat Franz Jalics einmal gesagt.[24] Bewusstsein ist der ‚Ort' an dem ich nicht Gott begegne, sondern schon immer mit ihm identisch bin. Solche Gedanken ausgesprochen stellt man sich meist selbst unter Blasphemieverdacht. Doch die Bedenken entsprechen allein einem zu klein gedachten Gottesbild. Gott ist, genau wie Bewusstsein, kein Objekt und somit auch kein Gegenüber. Wäre er ein Gegenüber, müsste er ja in einer gedachten Entfernung von mir irgendwo zu Ende sein. Aber dann wäre er kein Gott mehr. In radikaler Weise hat Meister Eckhart dies formuliert:

> „Es gibt vielmehr ein Etwas in der Seele, aus
> dem Erkenntnis und Liebe ausfließen; es

---

[24] Franz Jalics, Kontemplative Exerzitien, S.85

selbst erkennt und liebt nicht, wie's die Kräfte der Seele tun. Wer dieses kennen lernt, der erkennt, worin die Seligkeit liegt. Es hat weder Vor noch Nach, und es wartet auf nichts Hinzukommendes, denn es kann weder gewinnen noch verlieren. Deshalb ist es auch des Wissens darum, dass Gott in ihm wirke, beraubt; es ist vielmehr selbst dasselbe, das sich selbst genießt in der Weise, wie Gott es tut. So quitt und ledig also, sage ich, soll der Mensch stehen, dass er nicht wisse noch erkenne, dass Gott in ihm wirke... Die Meister sagen, Gott sei ein Sein und ein vernünftiges Sein und erkenne alle Dinge. Ich aber sage: Gott ist weder Sein noch vernünftiges Sein noch erkennt er dies oder das. Darum ist Gott ledig aller Dinge – und (eben) darum ist er alle Dinge."[25]

Kehren wir zurück zur Thematik von gerichteter Aufmerksamkeit und ungerichtetem Gewahrsein. Was bedeutet das für die Praxis? Welche Haltung sollen wir in der Meditation einnehmen? Es ist gelegentlich vom Staunen die Rede oder vom Schauen, von einer Erfahrungsweise also, die unmittelbar, offen und vorverbal ist. Wir stehen vor einer überwältigend schönen Landschaft und

---

[25] Meister Eckehart, Deutsche Predigten und Traktate, Predigt über „Selig sind die geistig Armen", S. 306

empfangen sie unmittelbar in ihrer Gesamtheit. Das ist Staunen. Fangen wir an, sie zu beschreiben und zu zergliedern, ist der Zauber vorbei: „Der schöne Wasserfall", einmal verbalisiert und kategorisiert, verliert, was uns das Staunen gezeigt hat. Und das ist: Es gibt nur eine unmittelbare Wirklichkeit, nicht tausend Wirklichkeiten, wenn dort tausend Bäume stehen. Und dass der Vogel, der über dem Tal seine Kreise zieht, ein Rotmilan ist, der sich hauptsächlich von Kleinsäugetieren und Insekten ernährt und jedes Jahr bis zu drei Junge aufzieht – nun ja.

Um eine Haltung des ungerichteten Gewahrseins einzuüben mag man die Augen schließen und versuchen, alle gegenwärtigen Gedanken, Gefühle, Geräusche, Geschmäcker und Gerüche gleichzeitig mit der Aufmerksamkeit zu erfassen. Das ist nicht möglich. Und doch sind alle genannten Erscheinungen, bevor wir uns ihnen im Einzelnen zuwenden, präsent. Das gilt ebenso für visuelle Reize, wenn wir die Augen wieder öffnen. Vor uns auf einer Wiese die Blume, die von gerichteter Aufmerksamkeit erfasst wird und uns also bewusster wird, ist auch schon vorher da, im weiten, unfokussierten Bewusstsein. Erst mit der Aufmerksamkeit kommt der Verstand ins Spiel, der menschliche Geist (engl.: mind). Die Dinge, wie sie wirklich sind, erschließen sich aber nur dem unmittelbaren Gewahrsein. Ich nehme an, dass deshalb in den Wörtern Wahrnehmung und Gewahrsein der Begriff „Wahrheit" steckt. Es ist aber eine andere Wahrheit, als die des diskursiven Denkens. Das ist kein „Rotmilan", der da fliegt. Wir schauen einen Ausdruck von Gottes Herrlichkeit, wie Franz von Assisi es vielleicht ausgedrückt hätte. Das wahrzunehmen sind Momente, in denen wir das Gefühl haben, dass der Verstand stillsteht, da sind nur Lebendigkeit, Schönheit, Freude und Glück. Gefiltert und bewertet durch den Verstand verlieren sie ihren Zauber und alles ist wieder alltäglich.

In der Haltung des ungerichteten Schauens und des offenen Lauschens, und hier wird es interessant, verschwindet unmittelbar auch das, was wir das Ego nennen, das personale Ich, mit seinen Zweifeln, vorgefassten Ideen, Kategorien und Konzepten. Dies zu sehen ist ein Erwachen. Mir selbst wurde auf einer Gartenterrasse in Tiruvannamalai, Südindien, in einer Sekunde klar, dass dieses sogenannte Ego einfach nicht vorhanden ist, wenn man in einer Haltung offenen Gewahrseins ist. Mir schoss durch den Kopf: „Und *das* hast du dein Leben lang geglaubt?!" Das Ego ist eine Illusion in dem Sinn, dass es keine substantielle Einheit nach Art eines Beobachters im Gehirn ist, sondern eine Aktivität des Bewusstseins, mit der wir uns (irrtümlicher-weise) identifizieren. Diese Feststellung war kein Großereignis, „nach dem alles anders wurde", eher ein Bemerken von Tatsachen, ein Wissen und ja, auch das: eine Befreiung. Nun aber wissen wir das und dieses Wissen kann nicht mehr ausgelöscht werden. Haben wir etwas Neues entdeckt? Nein, was wir geschaut haben, war auch vorher schon da. Nur der Ego-Filter von Kategorisierung, Bewertung, Meinung und Befindlichkeit fehlt. Ohne ihn kann sich Frieden ausbreiten.

„Das ist zu einfach!" ruft an dieser Stelle, na wer wohl? Das imaginäre Ego. Nahezu augenblicklich grätscht es in die Schau der Wirklichkeit hinein und tut, was es immer tut: zweifeln, analysieren, angreifen, verteidigen, nachdenken, erzählen. Doch nun wissen wir etwas Anderes. Würdigen wir es! Identifizieren wir uns mit dem, was wir wirklich sind: weites, offenes Bewusstsein!

Damit beantwortet sich auch die Frage, warum wir weiter meditieren sollen. Es geht darum, das Geschaute zu kultivieren, ihm zu erlauben, sich gegen die Gewohnheit durchzusetzen und sich in unserem Leben auszubreiten. Jesus hat für diesen Prozess das Bild vom Sauerteig benutzt. Die Durchsäuerung des Teigs passiert, ohne dass jemand etwas tut. Es gibt keinen Handelnden. Was daraus entstehen kann, hat Thomas Keating formuliert:

> „Alles in meinem Leben ist transparent in dieser Gegenwart. Diese Gegenwart ist immens und doch so bescheiden; Ehrfurcht einflößend und doch sanft; grenzenlos und doch intim, zärtlich und persönlich... Sie weiß alles über mich – alle meine Schwächen, meine Gebrochenheit, Sündhaftigkeit – und

liebt mich trotzdem unendlich. Diese Gegenwart ist heilend, stärkend, erfrischend – allein durch ihre Gegenwart. Sie ist vorurteilsfrei, liebend, sucht keine Belohnung, ist grenzenlos im Mitgefühl. Es ist wie nach Hause zu kommen, an einen Ort, den ich nie verlassen habe."[26]

---

[26] Thomas Keating, Open Mind, Open Heart, gefunden auf contemplativeourtreach.org. (Übersetzung Christian Tröster)

Der Körper oder: Wo ist Innen?

„Wenn Sie verstanden haben, dass Sie nicht der Körper und der Verstand sind, dann können Sie annehmen, was ist. Ihre fundamentale Autonomie zu verstehen, führt sie zur Haltung vollkommener Akzeptanz."[27]
Jean Klein

Wer sich in die Haltung des bewussten, offenen Gewahrseins begibt, gewinnt vielleicht auch folgende Erkenntnis: Es gibt für das Bewusstsein keinen Unterschied zwischen Innen und Außen, zwischen Körper und Welt. Diese Dualität wird für das Bewusstsein nicht durch besondere Zustände oder Ereignisse aufgehoben, etwa durch die Verschmelzung von A und B, sondern sie ist einfach nicht vorhanden. Dies ist keine verstiegene These, sondern kann durch direktes Schauen erkannt werden, auch wenn die dabei gewonnene Erkenntnis in Gegensatz zu unserem Alltagsbewusstsein zu stehen scheint. Aber ist es nicht offensichtlich und sogar unleugbar, dass alle Objekte der Wahrnehmung innerhalb des Bewusstseins auftauchen, nicht außerhalb davon? Für Bewusstsein ist *alles inklusive*. Tatsächlich ist ja, wie schon angesprochen, keine Erfahrung außerhalb von Bewusstsein möglich. Wenn es eine Erfahrung ist, ist sie bewusst. Was nicht bewusst ist, kann nicht erfahren werden.

---

[27] Jean Klein, Nichts als Gegenwart, S.40

Das zunächst Erstaunliche daran ist, dass es gleichermaßen für Gedanken gilt wie für Töne, Geschmäcker, Gerüche und visuelle Reize, also Sinnesempfindungen, deren Auslöser man einer äußeren Welt zuordnet. Doch ich wiederhole: Vom Standpunkt des Bewusstseins aus gibt es keinen Unterschied zwischen ihnen. Alle Erfahrungen sind Objekte der Wahrnehmung. Sie gehören sämtlich in einen einzigen Korb, Kategorie „Objekte". In einem anderen Korb könnte man das Bewusstsein vermuten, aber genau das ist nicht wahr. Es gibt nur den einen „Korb", den Korb des Bewusstseins. Und wenn der grenzenlos, unendlich, allumfassend ist, gibt es auch keine Möglichkeit, dass irgendetwas „von außen" in diesen Korb hineingelangt sein könnte. Entsprechend sind auch alle vermeintlich äußeren Erfahrungen, die Erfahrungen der „Welt", nicht nur hier und innerhalb von Bewusstsein. Sondern im Grunde genommen auch von derselben Substanz: Bewusstsein. Rupert Spira spricht von „Modulationen des Bewusstseins." Bewusstsein erfährt sich in den vermeintlich äußeren Erfahrungen selbst, in den inneren sowieso. Folglich gibt es nur Bewusstsein, religiös ausgedrückt: Es gibt nur Gott. Er ist das allumfassende Eine.

Trotzdem hält sich hartnäckig die Vorstellung, dass „irgendwo da drin im Körper" ein separierter Ort namens Ich sei. Der angenommene „Beobachter im Gehirn" schaut demnach aus Kopf und Körper heraus auf etwas kategorisch anderes, nämlich „die

Welt".[28] Die alltägliche Erfahrung scheint diese Auffassung zu bestätigen. Steche ich eine Nadel in den Tisch, spüre ich nichts, steche ich sie in meinen Arm, schmerzt es – das reicht ja wohl als Beweis: Dies bin ich, das ist etwas anderes. Ist mein Körper tot, ist auch das dazugehörige und von ihm hervorgebrachte und abhängige Bewusstsein verschwunden – sind nicht unsere Toten ausreichend Beleg dafür? Und doch: Haben nicht beide Erfahrungen gemeinsam, dass sie, wenn auch mit unterschiedlichen Intensitäten, Erfahrungen sind, die in dem einen Bewusstsein auftauchen? Es gibt also nur einen qualitativen, nicht aber einen kategorialen Unterschied zwischen beiden. In die gleiche Richtung geht die Beobachtung, dass, wenn die Nadel in den Arm eines Freundes gestochen wird, ich sehr wohl zusammenzucke, obwohl sein Körper nicht meiner ist.

---

[28] Selbst der deutsche Hirnforscher Wolf Singer verneint diese Denkfigur in seinem Buch „Der Beobachter im Gehirn" (trotz des irreführenden Titels). Er referiert, dass die Annahme eines solchen Beobachters von der modernen Hirnforschung nicht bestätigt werden könne. Jedenfalls findet diese jenen Ort im Gehirn nicht, wo das Ich sitzen soll. Trotzdem ist Wolf Singer kein Zeuge für die hier vorgetragene Weltsicht. Singers Ansatz ist rein materialistisch, das heißt, er sucht weiterhin im Gehirn nach dem Mechanismus, mit dem unbewusste Materie, also Atome, Moleküle und Eiweißverbindungen, Bewusstsein hervorbringen könnte. De facto handelt es sich dabei um Hirnforschung, nicht um Bewusstseinsforschung.

In allen großen Religionen geht man vom Weiterleben nach dem Tode aus, sei es durch einen direkten Aufstieg in den Himmel, ins Paradies, oder durch einen vorläufigen Abstieg ins Fegefeuer oder in eine Abfolge von Wiedergeburten. Wir sprechen in der christlichen Tradition von der unsterblichen Seele. Traditionellerweise wird das als Glaubensfrage behandelt, in der Art von: Entweder du glaubst es oder nicht, was materiell gesinnte Geister ebenso wenig überzeugt wie spirituell ausgerichtete Menschen. Die Lehrer des Direkten Wegs suchen einen anderen Zugang: den des Hinschauens und fragenden Erforschens. Und der wird immer einfacher, je weiter wir uns auf den Standpunkt des offenen Gewahrseins einlassen können.

Was passiert, wenn wir einen Ton hören? Ist der Ton hier, sagen wir zunächst der Einfachheit halber, in meinem Ohr? Oder „dort drüben", wo zum Beispiel eine Glocke läutet. Als reine und einzige Erfahrung (und auf was sollten wir uns sonst berufen?) liegt uns nichts anderes vor als der Ton. Alles andere ist Interpretation, Gewohnheit, Schlussfolgerung. Was ist ein Ton aus naturwissenschaftlicher Sicht? Eine Abfolge von Wellen. Aber gibt es diese Wellen auch innerhalb des Gehirns? Ganz sicher nicht. Der Philosoph Roland R. Ropers hat zu dieser Frage in einem schönen Essay Stellung genommen.[29] „Wer ist

---

[29] Roland R. Ropers, Zukunft Mystik, S. 102f

es", so fragt er, „der im Gehirn, das vollständig gegen Töne isoliert ist, elektrische Impulse als die Stimme seines engsten Freundes wahrnimmt? ... Wer ist es, der Wahrnehmungen wie Hitze, Kälte, Festigkeit und Entfernung im Gehirn empfindet?... Man sollte nicht der Versuchung anheimfallen zu behaupten, dass die Augen im Gehirn Bilder hervorrufen. Ein ‚Bild im Gehirn' würde eine Art inneres Auge erforderlich machen, um das Bild zu sehen – doch um das Bild dieses Auges sehen zu können, würde man ein weiteres Auge benötigen und so müsste es weitergehen in einer endlosen Folge von Augen und Bildern." In ähnlicher Weise stellte der Philosoph Henri Louis Bergson (1859 – 1941) in seinem Buch „Materie und Gedächtnis" fest, „dass die Welt aus Bildern besteht, diese Bilder nur in unserem Bewusstsein existieren und das Gehirn selbst eines dieser Bilder ist."[30] Auch Augustinus ist fast 1700 Jahre zuvor zu einer ähnlichen Auffassung gelangt. Über das Verhältnis von Sinneswahrnehmungen und Gehirn merkt er an:

> „Alles tritt hier ein, ein jedes durch seine Tür und wird hier aufgehoben. Freilich sind's nicht die Dinge selbst, die eintreten, sondern nur die Abbilder der wahrgenommenen Dinge... Himmel und Erde und Meer sind da (im

---

[30] nach Ropers, ebd.

Geist) untergebracht nebst allem, was ich je in ihnen erspürt."[31]

Der Philosoph Arthur Schopenhauer hat in diesem Zusammenhang von Vorstellungen gesprochen – sie sind die einzige uns vorliegende Information über unsere Umwelt und über uns selbst. Wir müssen uns an dieser Stelle nicht in die Verwinkelungen der Philosophie begeben und können es auch nicht: Schopenhauers Hauptwerk „Die Welt als Wille und Vorstellung" umfasst beinahe tausend Seiten, Henri Bergson kommt bei „Materie und Gedächtnis" immerhin mit zweihundert Seiten aus. Die Forschungsergebnisse der Kognitionspsychologie könnte man noch oben drauflegen. Für uns soll an dieser Stelle die Feststellung genügen, dass im Reich der Vorstellungen nicht sinnvollerweise von Innen und Außen gesprochen werden kann. Das Wesen des Bewusstseins lässt solche Unterscheidung ohnehin nicht zu.

Man kann sich der Frage nach dem Körper und dem Ich, nach dem Innen und Außen, aber auch ganz anders annähern als die Philosophen. Nämlich im eigenen Erforschen. Fangen wir mit einem drastischen Beispiel an. Verliere ich durch einen Unfall einen Finger, bin ich immer noch ich. Folgen durch unglückliche Umstände etwa ein Bein oder ein Arm, bleibe ich ebenfalls ich, und zwar

---

[31] Augustinus, Bekenntnisse, S. 255f

vollständig. Wo soll diese Reihe enden? Aus medizinischer Sicht vermutete man dies früher beim Herzen, heute eher beim Gehirn. Doch gibt es einen Unterschied zwischen dem äußern Blick des Arztes und dem des Patienten. Für den Patienten, den es am Ende ja allein angeht, gilt dieselbe Frage, die wir im vorangegangenen Kapitel im Zusammenhang mit dem Tiefschlaf gestellt haben. Hast du Bewusstsein jemals verschwinden sehen? Und wenn ja, von welcher Position aus meinst du das beobachtet zu haben? Dann müsste ja an dieser Stelle Bewusstsein präsent gewesen sein. Wenn man einmal festgestellt hat, dass Bewusstsein kein Objekt ist, also ungeschaffen, unzerstörbar und unsterblich, dürfte diese Feststellung wenig überraschend sein. Bewusstsein ist nicht im Kopf, der Kopf ist im Bewusstsein. Dass es nicht an den Körper gebunden ist, belegen jedenfalls auch zahlreiche Berichte von Nahtoderfahrungen und außerkörperlichen Bewusstseinszuständen. So sammelte und überprüfte der amerikanische Psychiater Bruce Greyson zahlreiche Erzählungen von außerkörperlichen Erfahrungen. Etwa von Patienten die nach Vollnarkose und mit Herzstillstand die Interaktionen und Diskussionen der Chirurgen während ihrer Operation später haarklein wiedererzählen konnten – und zwar aus einer Perspektive von oben schauend und in tiefem Frieden betrachtend. Und noch einen weiteren Hinweis möchte ich geben: Wir erinnern uns zum Beispiel ganz genau an ein Ereignis, das uns im Alter von sieben oder zehn Jahren widerfahren ist. Wem ist es widerfahren? Mir! Schauen wir uns jedoch ein Foto aus der fraglichen Zeit an, sehen wir einen Körper, der mit unserem gegenwärtigen rein gar nichts zu tun hat, ja womöglich würden wir uns darauf gar nicht wiedererkennen, wenn uns nicht gesagt worden wäre, wer auf dem Bild dargestellt ist. Also: Der Körper verändert sich dramatisch, Ich (Bewusstsein) bleibt unverändert.

Nun sollen wir uns in der Kontemplation nicht mit feuilletonistischen oder naturwissenschaftlichen Diskursen beschäftigen. Wichtig aus der Perspektive des Direkten Wegs ist das eigene Fragen, das eigene Hinschauen, mit dem wir oben begonnen haben. Schließt Bewusstsein alles ein oder gibt es irgendein Objekt außerhalb von Bewusstsein?

Damit ist auch die Frage angesprochen, ob man von einem Weg nach Innen reden kann. Jedenfalls sollte damit nicht, wie es in Anleitungen zur Achtsamkeitsmeditation oft geschieht, die Ausrichtung auf eine Körperregion gemeint sein. „Der Atem" oder „der Bauch" sind Objekte der Wahrnehmung, die Ausrichtung darauf hält den Meditierenden in subtiler Dualität. Kontemplation ist, zu wissen, „ich bin bewusst" oder einfach „ich bin." Das ist keine Tätigkeit. Es ist kein Aufwand dafür nötig. Sich immer tiefer in dieses Wissen hineinsinken zu lassen (auch wenn es dabei nicht wirklich eine Richtung geben kann), ist Kontemplation. Nicht einmal Loslassen ist nötig, nur Lassen. Es habe, sagt Meister

Eckhart, „sich noch nie ein Mensch in diesem Leben so weitgehend gelassen, dass er nicht gefunden hätte, er müsse sich noch mehr lassen."[32]

---

[32] Meister Eckart, Deutsche Predigten und Traktate, S. 57

Das Relative und das Absolute oder Mensch und Gott

„Wer mich sieht, sieht den Vater"
Joh. 14,9

Über der Kapelle, dem Gebets- und Meditationsraum in Haus Gries, steht, in Holz geschnitzt, folgender Satz: „Wer mich sieht, sieht den Vater" – ein Jesuswort. Was für eine Anmaßung, dachte ich, als mir dieser Schriftzug einmal ins Auge fiel. Wie kann ein Mensch von sich behaupten Gott zu sein? Vielleicht sollte ich zu Islam oder Judentum konvertieren, da ist die Sache wenigstens klar, so meine Gedanken in diesem Moment.

Eine Freundin von mir, nennen wir sie E., hat ähnliche Bedenken, wenn auch bezogen auf ihre eigene Meditation. Viele Stunden hat sie auf dem Kissen gesessen und, wenn man es zusammenzählt, viele Monate ihres Lebens in Schweigeretreats verbracht. Oft und reichlich wurde sie dabei beschenkt mit Zeiten von Seligkeit, Frieden, Liebe und Licht. Das hat ihr Leben verändert und ihr Herz geweitet, sie selbst begleitet mit Wärme und Liebe viele Menschen in ihrer psychologischen Praxis. Kurzum, sie ist das Gegenbild zu jenen Negativbildern, die uns in spirituellen Ratgebern gern als Ego-getriebene Existenzen vorgeführt werden, um die Fallhöhe von Elend zu Erlösung zu dramatisieren.

Wir haben es also bei meiner Freundin E. mit einer erwachsenen, seelisch im Gleichgewicht befindlichen, warmherzigen Person zu tun, die, und hier wird es interessant, immer wieder „das Menschliche" einfordert im Zusammenhang mit der Meditation. Also die Bedeutung psychologischer Entwicklung betont gegenüber „dem Absoluten", Gefühle, Erlebnisse und Ereignisse gegenüber „reinem Bewusstsein". Zugleich beklagt sie sich, dass sie „immer wieder herausfalle" aus dem gewünschten Zustand von Seligkeit, Frieden, Einheit. Ja damals, bei der Begegnung mit diesem oder jenem Lehrer, da wäre alles da gewesen, ganz gewiss war dies der sogenannte vierte Bewusstseinszustand der indischen Spiritualität, nach Wachbewusstsein, Traum, Tiefschlaf also Turiya – besser geht's nicht. Der Alltag fällt demgegenüber stark ab, es gibt emotionale Verwicklungen mit der Schwiegertochter, dem Partner mangelt es an spirituellem Verständnis, also auf zum nächsten Retreat. „Man kann doch seine Gefühle nicht verdrängen oder verleugnen", pflegt sie zu sagen, und selbstverständlich hat sie damit Recht. Und doch leidet sie darunter, dass sie sich in solchen Fällen von der erhofften Seligkeit irgendwie abgeschnitten fühlt.

Mir scheint, dass mein Protest gegen das Jesuswort und ihr Hadern mit mangelnden spirituellen Gefühlen im Alltag einen gemeinsamen Grund haben. Wir hatten weiter vorne die Unterscheidung von Wahrnehmendem und Wahrgenommenem beschrieben. Diese Unterscheidung, die der Selbsterkenntnis dienen soll, wird in der Literatur als Neti-Neti-Prozess beschrieben[33], „neti neti" bedeutet soviel wie „nicht dies, nicht das." Reines Bewusstsein als das Absolute wird demnach, um die Grundlage klarer zu machen, unterschieden von dessen Inhalten, also Gedanken, Empfindungen, Sinneswahrnehmungen. Auch Franz Jalics hat gelegentlich in diese Richtung argumentiert: „Gedanken sind nicht das „Ich selbst", sondern Satelliten des wahren Ich. Mit ihnen bist du bei deinen Satelliten und nicht bei der Sonne deines Selbst. Diese Planeten kreisen um das Ich herum."[34] Gott hingegen sei „reines Bewusstsein".[35] Wir sehen, der Neti-Neti-Prozess ist ein negativer Weg (via negativa), was negativer klingt, als es sich zunächst anhört. Das Absolute wird dabei dadurch erkannt, dass man das Relative, also dies und das, sozusagen aussortiert. Dabei geht es um Unterscheidung, nicht

---

[33] Z.B.auf der Website von Rupert Spira, https://rupertspira.com/teachings/tag/neti-neti-or-not-this-not-that
[34] Franz Jalics, Kontemplative Exerzitien, S. 158f
[35] Ebd. S. 85

um Bewertung. Unschwer zu erkennen ist, dass es zugleich die grundlegende Haltung der Meditation ist: sich selbst von allen Objekten der Wahrnehmung zu lösen, nicht in ablehnender, sondern in zustimmender Haltung. Auf christlich-theologischer Ebene entspricht dem Neti-Neti-Prozess die Negative Theologie, eine Denkrichtung, die aussagt, dass man über den eigenschaftslosen Gott als dem Absoluten keine positiven Aussagen treffen, sondern nur in negativer Weise reden könne: Er sei eben weder groß noch klein usw. und insofern nur durch das zu beschreiben, was er nicht ist. Mit am weitesten getrieben hat diesen Ansatz Meister Eckhart, der Gott als die Negation der Negation als das Nichts des Nichts oder den grundlosen Grund benennt. Den Grund Gottes verlegt Eckhart damit in eine weiselose, formlose, undenkbare und unsagbare Lauterkeit, die er im Unterschied zu Gott „Gottheit" nennt.[36] Das klassische Advaita-Denken sieht das sehr ähnlich. Die Welt, die aus einer Vielzahl von Objekten, also dem Geschaffenen oder dem Geformten, zusammengesetzt ist, wird hier als Maya, übersetzt Blendwerk oder Illusion, bezeichnet. Zum Geschaffenen gehört auch unser Körper. Dem Menschen, der in der materiellen Welt der Maya verhaftet ist, wird Unwissenheit (Sanskrit: avidya, Engl.: ignorance) bescheinigt, was im Deutschen harscher klingt als hoffentlich in den

---

[36] Katharina Ceming, Einheit im Nichts, S. 139

upanischadischen Grundtexten gemeint ist. Ich würde an dieser Stelle eher von Unbewusstheit sprechen wollen. Wie auch immer, allein real ist nach den upanischadischen Texten Brahman (Gott), der Sein und Bewusstsein ist.[37] Und genau hier öffnet sich die Falle. Bei einigen Neo-Advaita-Adepten führt dies zu der Auffassung, dass unserer Körper ebenso wie unsere Mitmenschen „nicht-real", sie deshalb sozusagen zweitklassig seien und vernachlässigt werden könnten. Rupert Spira hat dem entgegengehalten, dass Illusionen sehr wohl real seien, im Sinne etwa einer Fata Morgana. Diese ist nicht Nichts, sie existiert. Aber, und das ist das Wesentliche, sie ist nicht das, was sie zu sein scheint. Auf den illusionären Charakter der Welt bezogen heißt das, dass wir nicht „Materie da draußen" erfahren, sondern eine Modulation in Bewusstsein und von Bewusstsein – eine wie mir scheint befriedigendere und intelligentere Interpretation der upanischadischen Weltsicht als die zuvor genannte, recht oberflächliche Auffassung.

Leider, das muss ich an dieser Stelle zugeben, war ich in meiner Ablehnung des Jesus-Wortes „Wer mich sieht, sieht den Vater", selber ein Vertreter dieser von mir kritisierten Denkrichtung. Woran lag's? An einer zu kurz gedachten Neti-Neti-Praxis. Tatsächlich birgt diese die Gefahr, dass man bei der

---

[37] Ceming, ebd, S. 205 f

strammen Unterscheidung stehen bleibt: Hier Gott, dort der unperfekte Mensch, hier das Absolute, dort das Relative, hier die Leere, dort die Form. Ganz offensichtlich hat sich hier eine komplett dualistische Weltsicht eingeschlichen: Hier das eine, dort das andere, macht eben zwei. Aber waren wir nicht ursprünglich auf der Suche nach dem Einen? Schließlich bedeutet A-dvaita übersetzt: Nicht-Zwei. Es sei an dieser Stelle ausdrücklich gesagt: Die Neti-Neti-Praxis ist ein mächtiges, aber ein vorläufiges Instrument. Sie hat einen pädago-gischen Wert, aber bezeichnet nicht das Ende der Wegstrecke.

Lassen wir noch einmal Meister Eckhart zu Wort kommen. Bei aller Konsequenz seines negativen Ansatzes betont er doch:

> „Gott gibt der Kreatur alles, was sie ist, sowohl Form als auch Materie, und deswegen muss er bei ihr bleiben oder die Kreatur würde aus ihrem Sein fallen."[38]

Die Welt ist demnach göttlich durchwirkt, „alles, was die Kreatur ist", ist von Gott. In den Upanischaden wird das ähnlich gesehen und in verzweigten Diskussionen über Jahrhunderte auch immer wieder von verschiedenen Standpunkten aus beleuchtet.[39]

---

[38] Ebd. S. 208
[39] Ebd. S. 204ff

Rupert Spira erzählt in diesem Zusammenhang gerne ein Gleichnis, das womöglich hilft, nicht in philosophische Wortklaubereien abzugleiten. Es ist die Geschichte des Schauspielers Peter Müller, der sich in der Rolle von Shakespeares King Lear so hineinsteigert, dass er darüber seine eigentliche Identität, sein eigenes Wesen vergisst. Dieses Bild ist im Übrigen keine Erfindung von Rupert Spira, es stammt aus der islamischen Mystik.[40] In der modernen Version kommt Peter Müller von der Bühne in die Garderobe, wo er seinen Kollegen über die Probleme seines Lebens berichtet: die Streitigkeiten mit seinen Töchtern, die Hofintrigen, die Konflikte mit Frankreich und dergleichen mehr – es ist ein Leben voller Sorgen. Die Kollegen versuchen, ihn mit allerlei Ratschlägen wieder zur Vernunft zu bringen, und fordern ihn auf, zu schauen, wer er wirklich sei. Sie sagen zu ihm: Du bist nicht King Lear, schau doch mal, wer du wirklich bist! „King Lear" steht hier für das egozentrische Bewusstsein, das sich mit den Inhalten seiner Gedanken, Ideen und Wahrnehmung vollständig identifiziert hat. Wir kennen das gut, es ist unsere alltägliche Auffassung von uns selbst, eine

---

[40] Der Sufi-Mystiker Awhad al-din Balyani (gest. 1287) erzählt von einem Mohammad, der sich irrtümlich für Mahmut hält. In: Awhad al-din Balyani, „Know Yourself: An Explanation of the Oneness of Being", Beshara Publications, 2011. Seine Schrift wurde lange Zeit für ein Werk des bekannteren Muhyddin Ibn Arabi gehalten.

beschränkte Weltsicht, die das Selbst auf „dies und das", auf bestimmte Eigenschaften, Gefühle, Sorgen, Konflikte und Rollen und somit zu einer ebenso beschränkten Identität reduziert. „Peter Müller" hingegen steht für das Absolute, Gott, das Christusbewusstsein, wie auch immer wir es nennen wollen.

Nimmt man dieses Bild ernst und für wahr, und so ist es gemeint, kann man daraus folgendes ablesen: „King Lear" ist in keinem Moment getrennt von Peter Müller, vielmehr in allen seinen Aktionen, Gefühlen, Zweifeln und Leiden ein Ausdruck von Peter Müller. Er hat sein wahres (göttliches) Selbst nie verloren, nur vergessen. Und weiter: Der einzige, der aus der Identifikation mit der Rolle erwachen kann, ist nicht King Lear, sondern Peter Müller. Für King Lear ist dies unmöglich, weil er gar keine Existenz außerhalb von Peter Müller hat, vielmehr dessen Aktivität ist. Er muss auch, da er Ausdruck Peter Müllers ist, nicht abgetötet, verneint oder abgelehnt werden. Er ist, man kann es nur wiederholen, in keinem einzigen Moment nicht Peter Müller. Und um auch das noch zu sagen: King Lear kann Peter Müller nicht beschädigen, er kann Peter Müller nicht erreichen und auch nicht mit Peter Müller verschmelzen, da gibt es nichts für ihn anzustreben, er ist zu jedem Zeitpunkt schon Peter Müller. In anderen Worten: Wer King Lear sieht, sieht Peter Müller. Womit wir zum Ausgangspunkt dieses Kapitels zurückkehren. Jesus Christus wusste, dass er Ausdruck des allgegenwärtigen göttlichen Vaters war. Und zwar nicht nur als Geist, sondern als ganzer Mensch. Wenn er sagt: „Wer mich sieht, sieht den Vater", zeugt das von dem Wissen, dass nicht nur er in einem exklusiven Vorrecht, sondern wir alle niemals vom göttlichen Urgrund getrennt sein können. Er hat dies explizit im Johannesevangelium nicht nur ausgesprochen (Ich und der Vater sind eins und sie sollen eins sein) sondern auch in einem Bild ausgedrückt, das dem von Peter Müller und King Lear ähnelt. Es ist das Bild vom Weinstock und den Reben (Joh 15,4-5): „Bleibt in mir, dann bleibe ich in euch. Wie die Rebe aus sich keine Frucht hervorbringen kann, sondern nur, wenn sie am Weinstock bleibt, so könnt auch ihr keine Frucht bringen, wenn ihr nicht in mir bleibt. Wer in mir bleibt und in wem ich bleibe, der bringt reiche Frucht; denn getrennt von mir könnt ihr nichts vollbringen." Wohlgemerkt, hier ist von bleiben die Rede, nicht von erreichen. Die Rebe ist bereits Teil des Weinstocks. Die Einheit ist bereits vorhanden. Alles, was in Richtung eines Erreichens zielt, ist vergebliche Mühe.

W as heißt das für unsere Meditation und unser Leben? Zum einen: Die Neti-Neti-Praxis hat ihren Wert nur dann, wenn klar erkannt wird, dass das gefundene Nichts in letzter Konsequenz allumfassend und alles einschließend ist. Aus diesem Wissen heraus hat Jesus gesprochen, wenn er sagte:

„Ich bin das All, das All ist aus mir hervorgegangen, und das All ist bis zu mir ausgedehnt. Spaltet ein Holz, ich bin da. Hebt den Stein auf, und ihr werdet mich dort finden."[41]

Mit der zu kurz gegriffenen Version von „hier das Absolute, dort das Relative" bleibt man in der Dualität, mit allen Missverständnissen, die daraus erwachsen. Alles einschließend heißt auch: All unsere emotionalen Schwankungen bedeuten nicht, dass wir von Gott getrennt sind. Der Sufi Mystiker Al-din Balyani hat dies im 13. Jahrhundert meisterhaft ausgedrückt und eine Passage seiner Schrift „Erkenne dich selbst" kommt uns aus der Bibel bekannt vor:

„Denkt also nicht, dass ihr vergehen müsst (um Ihn zu schauen), denn wenn es notwendig wäre, zu vergehen, würde das bedeuten, dass ihr Sein Schleier seid. Er würde also verschleiert werden durch etwas anderes als sich selbst. Dies würde voraussetzen, dass etwas anderes als Er Macht über Ihn hat, etwas, das verhindert, dass er gesehen wird. Das ist ein Irrtum und ein Missverständnis.

---

[41] Thomasevangelium, Logion 77

Wie wir bereits gesagt haben, ist Sein Schleier nichts anderes als Seine Einheit und Seine Einzigartigkeit. Deshalb darf der Mensch, der die wesentliche Wahrheit erreicht hat, sagen: Ich bin die Wahrheit oder Mir gebühre Ehre... Denn es gibt kein Selbst außer Seinem Selbst, und es gibt kein Sein außer Seinem Sein. Es wird berichtet, dass der Prophet (Jesus) sagte: „Der erhabene Gott sagt: ‚O Kind Adams, ich war krank, und ihr habt Mich nicht besucht, Ich war hungrig, und ihr habt Mich nicht gespeist, Ich habe von euch gebeten, und ihr habt Mir nicht gegeben...'". Dies weist darauf hin, dass das Wesen der Person, die bittet, Sein Wesen ist. Wenn das akzeptiert ist, wird auch akzeptiert, dass dein Sein Sein Sein ist, und dass das Wesen aller erschaffenen Dinge, ob Substanz oder Zufall, Sein Wesen ist."[42]

Unruhe, Unbehagen, schlechte Laune oder Langeweile sind demnach genauso Ausdruck des

---

[42] Awhad al-din Balyani or Ibn-Arabi , „Know Yourself: An Explanation of the Oneness of Being", Beshara Publications, 2011, S. 28f (Übersetzung: Christian Tröster)

Absoluten wie Freude, Ruhe oder Seligkeit. Wenn alles eins ist und aus Gott, muss auch Leiden aus Liebe geboren sein – eine Auffassung, die regelmäßig Widerstände hervorruft. Es sind Widerstände, die aus vorgefassten Ideen, Soll-Vorstellungen, Gedanken und Erzählungen zusammengesetzt sind. Ihr Antrieb ist der Wunsch oder sogar die Forderung, dass die Realität nicht so sein sollte, wie sie ist – kurz gesagt: eine Anleitung zum Unglücklichsein. Die Idee, dass es ein Leben ohne Leiden geben könnte oder müsste, ist hochgradig unrealistisch, eine ungesunde Phantasie, die jeder Lebenswirklichkeit widerspricht. Der schon zitierte Jean-Pierre de Caussade hat daraus die einzig richtige Schlussfolgerung gezogen:

> „Wie glücklich wären die anderen, vermöchten sie zu begreifen, dass die Heiligkeit den Dingen entströmt, die sie für belanglos halten, ja als störend empfinden! Könnten die einen und anderen einsehen, wie die von der Vorsehung gezimmerten Kreuze, die ihr Stand unablässig mit sich bringt, ihnen einen weit sichereren und kürzeren Weg eröffnen, als außerordentliche Zustände und Werke es täten, und dass der wahre Stein der Weisen in der Unterwerfung unter Gottes Anordnung besteht, die all ihre

Beschäftigungen in göttliches Gold ummünzt! Wie beglückte sie diese Einsicht! Welchen Trost und welchen Mut schöpften sie aus dem Gedanken, dass die Freundschaft mit Gott samt der himmlischen Glorie dadurch zustande kommt, dass sie nicht mehr tun, als was sie ohnehin tun müssen; dass sie nicht mehr leiden, als was sie ohnehin zu leiden haben; dass das, was sie verschleudern und für nichts achten, genügte, um eine große Heiligkeit aufzubauen!"[43]

Aus der Perspektive der Kontemplation und des Glaubens ist Leiden mithin keine Strafe, kein Versagen in der Meditation oder ein Herausfallen aus der göttlichen Liebe. Sondern es kann als eine Art Symptom aufgefasst werden. Es ist das Wesen des Symptoms, auf etwas zu verweisen, das man nicht sieht. Seelische Leiden sind ein Hinweis darauf, dass wir unser wahres Wesen, die Einheit mit Gott, vergessen haben. Wohlgemerkt, wir sprechen hier nicht von Schmerzen, sondern von Leiden. Der Schmerz ist das Faktische. Das Leiden resultiert aus Nicht-Annahme, aus Widerstand gegen das, was tatsächlich in diesem Moment vorliegt, verwandelt es in Wut, Hass, Anklagen, Vorwürfe und Monologe

---

[43] Jean-Pierre de Caussade, Hingabe ans Jetzt, S. 34

und führt mit diesem Material ein anhaltendes Theater um sich selbst auf.

Unsere wahre Natur jedoch ist es, glücklich und in Frieden zu sein. Sie kann nur verdeckt werden, nicht aber verschwinden, so wenig, wie Peter Müller aus dem Leben von King Lear verschwinden kann. Und weil es unsere wahre Natur ist, glücklich zu sein, wissen wir um sie und wir streben nach ihr – ein Thema, das schon Augustinus umgetrieben hat. „Was ist das selige Leben?", fragt er, „ist es nicht das, was alle wollen und kein einziger nicht will? Wo haben sie es denn kennengelernt, dass sie es wollen?" Und weiter: „Da dies nun etwas ist, das jeder ohne Ausnahme schon erfahren hat, findet er es auch im Gedächtnis wieder und erkennt es, wenn er das glückselige Leben nennen hört."[44] So zeigen alle Widrigkeiten wie negative Spiegel auf die Seligkeit. Jean-Pierre de Caussade sagt dazu: „Sie weisen auf Seine unendliche Vollkommenheit hin. Sie sind nur dazu da", Gott „predigt laut durch sie."[45] Sie sind Boten Gottes!

So ist es nur folgerichtig, dass in den Unterrichtungen des spirituellen Weges zu der *via negativa* oftmals eine *via positiva* tritt. Auf der indischen Landkarte wäre dies der tantrische Weg gegenüber dem Advaita-Weg. Der Tantrismus, so

[44] Augustinus, Bekenntnisse, S. 269 ff
[45] Jean-Pierre de Caussade, Hingabe ans Jetzt, S. 42

sagt es Wikipedia, ist eine Erkenntnislehre, die auf der Untrennbarkeit des Relativen und des Absoluten basiert. Er betont die Identität von absoluter und phänomenaler Welt und eröffnet so die Möglichkeit, auch über körperliche, sensorische Erfahrungen einen Zugang zur höchsten Wirklichkeit zu erlangen: Yoga, Atemübungen, Leibübungen. Auch im Westen sind viele Lehrer und viele Schulen diesen zunächst unlogisch erscheinenden Weg gegangen: Zuerst die Unterscheidung, dann die Integration. Jean Klein hat zuerst den Weg der Advaita-Selbsterkundung beschritten, dann aber eine Yoga-Praxis hinzugenommen, die in sensitiver Erforschung von Körperenergien diese in ein weiteres Bewusstsein aufzulösen versucht. Er nannte dies „Yoga in der Kaschmir-Tradition", weil er dies von einem nordindischen Lehrer gelernt hatte. Der Begriff hat sich jedoch ebenso wenig durchgesetzt wie dessen Praxis, die weltweit derzeit nur von einer Handvoll von Lehrern weitergegeben wird. Auch im Gebet der Sammlung (Centering Prayer), wie es von Thomas Keating und seinen Nachfolgern formuliert wurde, gibt es „tantrische" Elemente. So wurde zur tradierten kontemplativen Praxis die sogenannte Willkommensübung hinzu-genommen[46] und zwar sowohl für die Mediations-zeiten wie auch als Empfehlung für den Alltag. Die Praxis meint, dass wir, sobald wir durch eine

---

[46] C. Bourgeault, Das Herz im Gebet der Sammlung, S. 104f

emotionale oder körperliche Verstimmung von unserem Kurs abgebracht werden, die dazugehörige Empfindung im Körper lokalisieren sollen um sie dann bedingungslos zu akzeptieren, zu begrüßen. Es ist dabei immer die direkte, rohe und tatsächliche Empfindung gemeint, nicht die Situation, in der sie entstanden ist und schon gar nicht die Geschichte, die wir uns dazu erzählen. Also bejahen, was in der Gegenwart spürbar ist. Sehr häufig wird man feststellen, dass die energetischen Verdichtungen, die wir Empfindungen nennen, sich dann in ein größeres Ganzes hinein auflösen. Das hat befreiende, erlösende Wirkungen und wird auch von Psychotherapeuten unter Begriffen wie Körpertherapie oder Fokussing angewendet. Umgekehrt kann man aus den Erfahrungen dieser Praxis schließen, dass leibliche Verspannungen und energetische Störungen aus dem Widerstand gegen die Wirklichkeit gespeist sind. Nimmt man den Widerstand bewusst heraus, lösen sich die Spannungen auf. Thomas Keating hat in diesem Zusammenhang einmal von den „Energiezentren des falschen Selbst" gesprochen. Sie sind gespeist aus der Idee, das Leben kontrollieren zu können, sie verlieren ihre Kraft oder verwandeln sich gar in positive Energien, wenn sie sozusagen als Gäste begrüßt werden. Wir können also in einer bewusst eingenommenen, offenen und bejahenden Haltung einen heilsamen Umgang mit derlei Phänomenen befördern.

Ich möchte aber noch auf einen Aspekt der leiblichen Arbeit hinweisen, der über den therapeutischen Horizont hinausweist. Schließlich haben wir es beim Tantra mit einer spirituellen Erkenntnislehre zu tun, die wie Advaita auch, auf die Einheitserfahrung verweist. Aber wie sollen leibliche Phänomene überhaupt zu einer Erfahrung führen, die letztlich eine geistige ist? Dies geschieht durch genaues Hinspüren auf das, was jetzt da ist. Also dadurch, dass man seine Vorstellungen von Realität, seit jeher geglaubte Bilder und Geschichten, durch die Erfahrung der gegenwärtigen Wirklichkeit ersetzt. Hier ein Beispiel für eine solche Erkundung: Man lege mit geschlossenen Augen seine Hand auf eine Fläche wie zum Beispiel einen Teppich und frage sich: Sind da zwei Empfindungen oder eine? Das ist keine Nonsensfrage. Es geht um die reine Wahrnehmung, ohne den Kopf und ohne die Erinnerung einzuschalten – ein gar nicht so leichtes Unterfangen. Also: Sind da zwei Empfindungen, eine für den Teppich und die andere für den Körper? Nein. Es ist nur *eine* Empfindung. Alles, was ich über den Teppich jenseits von vorgefasstem Wissen erfahre, ist *eine*, nämlich meine leibliche Empfindung. Damit sind wir bei dem schon weiter oben angesprochenen Phänomen, dass es keine Erfahrung von „äußeren" Dingen gibt. Alles, was wir erfahren, ist Erfahrung. Und Erfahrung ist „innen", eine Modulation von Bewusstsein und ohne dasselbe nicht vorstellbar. Als Zeugen möchte ich hier nicht einen Tantra-Meister anführen, sondern Jaques Lusseyran, einen der abgehobenen Esoterik unverdächtigen Widerstandskämpfer und Helden der französischen Résistance. Lusseyran war als Kind durch einen Unfall erblindet und erfuhr die Welt von da an vor allem durch Tasten und Hören. Er berichtet:

„Legte ich die Hand leicht auf den Tisch, dann wusste ich, dass da der Tisch war, sonst aber erfuhr ich nichts über ihn. Um etwas zu erfahren, mussten meine Finger einen Druck ausüben, und das überraschende dabei war, dass mir dieser Druck sogleich vom Tisch erwidert wurde. Ich – der ich als Blinder allen Dingen entgegengehen zu müssen glaubte – entdeckte, dass die Dinge es waren, die mir entgegengingen. Ich brauche immer nur den halben Weg zurückzulegen. Das Universum war der Komplize all meiner Wünsche. Wenn jeder meiner Finger verschieden stark gegen die Rundung eines Apfels drückte, wusste ich bald nicht mehr, ob der Apfel schwer war oder meine Finger. Ich wusste nicht einmal mehr, ob ich ihn berührte oder er mich. Ich war ein Teil des Apfels geworden und der Apfel ein Teil von mir."[47]

Die Getrenntheit war also in der Sinneserfahrung aufgehoben und die Konsequenzen schockierten selbst den, der es erlebte:

> „Auf diese Art – auf die richtige Art – die Tomaten im Garten zu befühlen, die Hausmauer, den Vorhangstoff oder einen Erdklumpen, heißt, sie zu sehen, sie fast ebenso genau und vollständig zu sehen, wie die Augen es vermögen und mehr noch... es heißt – so schokkierend das Wort auch sein mag – zu lieben."[48]

Kehren wir noch einmal zu Peter Müller zurück. Er muss nicht und wird nicht aufhören, King Lear zu spielen. Er wird dies aber wahrscheinlich in größerer Freiheit und in innerem Frieden tun. Dies ist die Freiheit, die wir in der Meditation gewinnen, wenn wir uns immer weniger mit den Inhalten des Bewusstseins identifizieren, und immer mehr mit dem unterscheidungslosen, unpersönlichen, liebenden Bewusstsein.

---

[47] Jaques Lusseyran, Das wiedergefundene Licht, S. 29
[48] Ebd., S. 30

Dies ist die Freiheit, die wir in der Meditation gewinnen, wenn wir leiblich-energetische und emotionale Energien nicht abwehren, sondern bejahen und integrieren. Beides gehört zusammen.

> „Deine wahre Natur des reinen Gewahrseins transzendiert alle Erfahrungen und ist doch in allen Erfahrungen immanent. Einen der beiden Aspekte zu behaupten oder zu leugnen, bedeutet daher das Wesen der Realität zu verfehlen."

heißt es im Shinjin-Mei.[49] Für den Prozess der Kontemplation könnte man dies mit der Betrachtung eines Vexierbilds vergleichen. Jeder kennt das Bild einer (schwarzen) Vase, die sich bei neuem Hinsehen als Negativ zweier (weißer) Profile entpuppt. Der Neti-Neti-Prozess ermöglichte hier die Entdeckung des Hintergrunds, der Profile. Der Kreis ist aber erst dann geschlossen, wenn man erkennt, dass Figur und Hintergrund sich gegenseitig bedingen und untrennbar zusammen-gehören – es ist *ein* Bild. Deshalb braucht man in der Kontemplation auch nichts loszulassen, sondern nur zu lassen. Gedanken und Empfindungen können laufen, wie sie wollen.

---

[49] nach einer Übertragung von Rupert Spira, zu finden auf rupertspira.com unter dem Stichwort Hsin Hsin Ming. (Übersetzung: Christian Tröster)

Die Kontemplation und das übrige Leben

„Annahme ist die uns innewohnende Verfassung. Nicht-Akzeptanz ist künstlich hergestellt."[50]
Jean Klein

Wie soll man leben, wenn alles gut so ist, wie es ist? Wenn man die Sorge los ist, von Gott und der Welt getrennt zu sein? Was für Folgen hat die Feststellung, dass man Bewusstsein ist und es auf der Ebene des Bewusstseins nicht ein „hier drinnen" und ein ganz anders geartetes „da draußen" gibt? Dass unsere Seele, das Bewusstsein, unsterblich ist und uns folglich nichts und niemand etwas anhaben kann? Das ist groß, vielleicht ehrfurchtgebietend und sogar erhaben.

Und doch: Das Leben geht äußerlich genauso weiter wie es ist. Es bleibt dieselbe Welt und es bleibt dasselbe Leben – abzüglich der Idee, dass es irgendwie anders sein sollte. Das ist der Gewinn. Das Erwachen kann eine große Erfahrung sein oder auch eine kleine, ganz unscheinbare. Denn es ist nicht so exotisch, wie es zunächst erscheinen mag: Wir kennen diese Erfahrung alle, nämlich in den Momenten, in denen wir lieben. Man kann also sagen: Es bleibt dieselbe Welt und es bleibt dasselbe Leben – nur mit mehr Liebe, mehr Vertrauen. Das ist

---

[50] Jean Klein, Nichts als Gegenwart, S. 160

die Veränderung. Die große, umfassende Akzeptanz einer unpersönlichen Liebe. Unpersönlich, weil diese Liebe nicht an einzelne Eigenschaften gebunden ist, sondern jede einzelne Eigenschaft bedingungslos annimmt. Wie sich eine solche Lebenseinstellung nicht nur nach innen, sondern auch im täglichen Leben ausdrücken kann, macht eine Erzählung aus dem buddhistischen Raum deutlich. Danach sitzt ein alter, weiser Mönch am Flussufer außerhalb des Dorfes und meditiert. Kommt sein Schüler und fängt aufgeregt an zu berichten: „Weißt du, was die im Dorf alles über dich an Schlechtigkeiten erzählen?" Antwortet der Mönch: „Mein Freund, es stimmt alles." Nimmt man den Widerstand heraus, kehrt Frieden ein.

Jeder will lieben, jeder will geliebt sein – warum gibt es überhaupt Widerstände dagegen? Die bestehen natürlich nicht in der Tatsache, dass wir lieben wollen – wer hätte da Einwände? Sondern darin, dass wir mit und durch solche Realisierungen *alles* lieben und immer mehr zu lieben lernen. Das verschlägt uns nun wirklich den Atem und ist doch das, was wir am meisten suchen. Mir fällt an dieser Stelle das Jesus-Wort ein: „Wenn ihr nur die liebt, die euch lieben, welchen Lohn könnt ihr dafür erwarten? Tun das nicht auch die Zöllner?" (Mt 12, 46). Normalerweise gehen wir mit dieser zöllnerhaften Haltung durchs Leben, indem uns diese Situation eben mehr gefällt als jene, dieses Ereignis lieber ist, als das andere, das wir ablehnen. Hören wir, was Jean-Pierre de Caussade dazu zu sagen hat:

„Wie ungehörig denken die meisten Menschen von Gott! Unablässig finden sie am göttlichen Wirken etwas zu nörgeln. Dem gewöhnlichsten Arbeiter gegenüber nähme man sich, was sein Fach angeht, das nicht heraus. Man möchte Gottes Wirken in Grenzen zwingen und ihm Vorschriften machen, wie unser schwacher Verstand sie sich ausdenkt. Es soll umgestaltet werden; lauter Klagen und Vorwürfe werden laut. Die Behandlung, die die Menschen einst Jesus Christus angedeihen ließen, kommt uns unfassbar vor. Doch wie geht man mit dir um, göttliche Liebe, anbetungswürdiger Wille, unfehlbares Wirken Gottes? Kann der Wille Gottes überhaupt je unzeitig kommen, kann er unrecht haben? – Doch ich habe dies oder jenes zu erledigen, dies oder jenes fehlt mir, man nimmt mir die notwendigen Mittel, dieser Mensch macht mir einen Strich durch ein überaus löbliches Unternehmen: Ist das alles nicht höchst unvernünftig? Dass mich diese Krankheit gerade jetzt anfallen muss, wo ich die Gesundheit so notwendig brauche! – Und ich sage dir, einzig notwendig ist der Wille Gottes. Was er nicht gibt, kann nur unnütz sein. – Nein, teure Seelen, nichts fehlt euch. Wüsstet ihr, was Geschehnisse zu bedeuten haben, die ihr als Rückschläge, Widrigkeiten, Widerstände betrachtet, worin euch alles verpfuscht und unvernünftig erscheint: ihr wäret über die Maßen erstaunt!"[51]

Die kontemplative Lebenshaltung bedeutet also nicht, stunden- oder tagelang zu meditieren, auch wenn dies phasenweise helfen kann. Und sie meint auch nicht, in Zeitlupe „meditativ" durch Leben zu schreiten oder auf jedem Bissen möglichst achtsam herumzukauen. Sondern „auf den Marktplatz zu gehen", wie die Zen-Meister es ausgedrückt haben. Oder, nach einem Wort von Ignatius von Loyola, „Gott in allen Dingen zu finden." Und das meint alle im Sinne von alle. Also das Leben so anzunehmen, wie es gerade jetzt ist, und zwar nicht zu siebzig, achtzig oder neunundneunzig Prozent, sondern zu hundert Prozent. Ein anderes Wort dafür ist Hingabe. Hingabe an die Wirklichkeit und an das Leben.

---

[51] Jean-Pierre de Caussade, Hingabe ans Jetzt, S. 46f

Die Weisen empfehlen als Grundhaltung dazu jene Haltung, die wir uns auch in der Meditation anzueignen versuchen: die Gleichförmigkeit. Im Shinjin-Mei des Seng-t'san heißt es zum Beispiel:

> „Der höchste Weg ist nicht schwer, wenn du aufhörst zu wählen. ...die kleinste Unterscheidung bringt eine Distanz zwischen Himmel und Erde. Soll ES sich dir offenbaren, lass Abneigung und Vorliebe beiseite."

Ignatius von Loyola hat die Gleichförmigkeit (Indifferenz) sogar zum „Prinzip und Fundament" seiner Exerzitien erhoben, ein Programm, das wie die größtmögliche Zumutung für den modernen Geist klingt, denn es gilt nicht nur für die Gebetszeiten, sondern für das ganze Leben. Er formuliert: „Deshalb ist es nötig, dass wir uns gegenüber allen geschaffenen Dingen ... indifferent machen. Wir sollen also nicht unsererseits mehr wollen: Gesundheit als Krankheit, Reichtum als Armut, Ehre als Ehrlosigkeit, langes Leben als kurzes; und genauso folglich in allem sonst, indem wir allein wünschen und wählen, was uns mehr zu dem Ziel hinführt, zu dem wir geschaffen sind." – nämlich Gott zu loben und Gott zu ehren! Mit „Lob und Ehre" ist auch gesagt, dass hier nicht eine „Ist mir egal"-Haltung oder kalte Gefühllosigkeit gefragt sind. Sondern darum, das Leben zu bejahen aus dem

Wissen und Glauben heraus, dass Gott genau diese Wirklichkeit in diesem Moment zum Guten geschaffen hat, selbst wenn wir sie nicht verstehen.

Nun sind wir Menschen gern inkonsequent. Und wir wissen auch, dass die Indifferenz in Zeiten der Meditation besser zu praktizieren ist, als im Leben, wo wir tätig sind und Entscheidungen zu treffen haben. Was aber, wenn wir zu allem Ja sagen? An dieser Stelle betritt meist das große Aber die Bühne. Sind wir nicht aufgerufen, „die Welt ein bisschen besser zu machen?" Sollen wir nicht gegen Unrecht kämpfen? Leiden mindern? Wie könnte man angesichts all des Elends in der Welt zu allem Ja sagen?

Gut zu wissen, dass ähnliche Bedenken schon Paulus und die frühen Christen umgetrieben haben. Sie fragten sich, ob angesichts der bedingungslosen, also in Konsequenz anarchistischen, Liebe Gottes nicht Gesetzlosigkeit ausbrechen müsste. Bekanntermaßen wurde die Frage so beantwortet, dass das Gesetz, die Regeln des Zusammenlebens, verbindlich blieben. „Sollen wir sündigen, weil wir nicht unter dem Gesetz, sondern unter der Gnade sind?" fragte der Apostel und antwortete gleich selber: „Das sei ferne!" (Röm 6,15) Dies ist übrigens nicht nur im christlichen Kontext so, sondern auch in der Spiritualität der Upanischaden. Die Einheitserfahrung, das Erwachen, steht dort ganz am Ende eines spirituellen Weges, der nicht zuletzt

Unterweisung in ethischen Fragen beinhaltet. Jean-Pierre de Caussade hat dies so übersetzt, dass sich Gott gerade und besonders in den alltäglichen Pflichten ausdrücke:

> „Die Anordnung Gottes macht die Fülle all unserer Augenblicke aus, sie erscheint unter tausenderlei Gestalten. Eine nach der anderen wird zu unserer gegenwärtigen Pflicht. Jede trägt dazu bei, den neuen Menschen in uns zu der Vollreife zu bringen, die von der göttlichen Weisheit für uns bestimmt wurde."[52]

Zu den Pflichten gehören selbstverständlich auch jene der Nächstenliebe. Wir sind durch eine kontemplative Lebenshaltung nicht zu Gleichgültigkeit, Tatenlosigkeit oder Passivität angehalten. Im Gegengeil, viele kontemplative Menschen sind sehr aktiv und engagiert. Die der Kontemplation inhärente Aufforderung „die Dinge zu lassen, wie sie sind" meint erst einmal, die Wirklichkeit anzuerkennen, sie nicht durch unsere Wünsche zu verdrängen, zu manipulieren oder anderen Menschen unsere Vorstellungen aufzudrängen. „Nur was angenommen ist, kann auch erlöst werden", hat C.G. Jung formuliert. Es geht hier also um kontemplative Lebensführung, nicht um die moralisch-ethischen

---

[52] Jean-Pierre de Caussade, Hingabe ans Jetzt, S. 27

Dimension unseres Handelns. Diese hat ihren Ort und ihre Berechtigung. Ebenso wie es Situationen gibt, die nach Veränderungen verlangen. Doch viele unserer seelischen Leiden rühren daher, dass wir die Realitäten zu beschneiden versuchen, indem wir sie mit Vorwürfen oder Verleugnung niederzuhalten versuchen. Dies oder das „kann nicht sein", wird da mit Emphase vorgetragen, oder dies oder das „hätte nicht passieren dürfen". Wenn es aber nun genauso ist und genauso passiert ist? Wie sollten wir uns zur Wirklichkeit verhalten, wenn wir ihre Existenz nicht wahrhaben wollen? Erst anzuerkennen, was ist, öffnet uns die Möglichkeit abseits unserer eigenen Konzepte und Erwartungen zu erkennen, was die Situation erfordert.

Auch der amerikanische Psychotherapeut John Welwood hat dies für sich erfahren. Als er begann, therapeutisch zu arbeiten, ertappte er sich immer wieder dabei, dass er Patienten oder zumindest einige ihrer Verhaltensweisen ablehnte. Er fühlte sich schuldig, weil er meinte, der bedingungslos positiven Haltung seines Vorbilds und Lehrers Carl Rogers nicht zu genügen. Bis er erkannte, dass Zugewandtheit nicht heißt, immer nett zu sein.

> „Bedingungslose Liebe oder liebende Güte bedeuten nicht, dass ich meine Klienten immer mögen muss. ... In Wahrheit bin ich oft nicht nett. Manchmal will ich Klienten heraus-

fordern und konfrontieren. Doch erst, als ich mich von meinem Über-Ich befreien konnte, das mit einflüsterte, ich müsste sein wie Carls Rogers und immer nur positive Gefühle für meine Klienten haben, war ich in der Lage voll für sie da zu sein. Je mehr ich mich selbst sein lassen konnte, desto mehr konnte ich für andere da sein und sie so sein lassen, wie sie sind. Es war eine große Erleichterung zu erkennen, dass ich nicht lieben oder akzeptieren muss, was konditioniert ist – die Persönlichkeit des anderen. Bedingungslose Freundlichkeit ist vielmehr eine natürliche Reaktion auf das, was selbst bedingungslos ist – die grundlegende Güte und das offene Herz des anderen, hinter all ihren Abwehrmechanismen, Rationalisierungen und Vorspiegelungen. Bedingungslose Liebe ist kein Gefühl, sondern die Bereitschaft, sich zu öffnen. Sie ist keine Liebe zur Persönlichkeit, sondern die Liebe zum Sein, die darin wurzelt, die bedingungslose Güte des menschlichen Herzens anzuerkennen."[53]

---

[53] John Welwood, S. 167

Sogar Hilfsangebote, eigentlich der Inbegriff des Guten, können etwas Gewalttätiges haben, wenn sie lediglich die Wünsche und Ideen des Helfenden ausdrücken, nicht aber die Bedürfnisse des Gegenübers berücksichtigen. Ich erinnere mich an eine Situation aus der Flüchtlingsarbeit, wo mir ein freundliches und engagiertes Ehepaar von ihren Schwierigkeiten mit einem geflüchteten Schützling berichtete. Als der Mann dann berichtete: „Ich will aus ihm einen Preußen machen", erhielt die Erzählung allerdings eine neue Facette. Zuhören, hinschauen, sein lassen, so möchte ich sagen, sind unabdingbare Voraussetzung für soziale Arbeit und helfendes Engagement. Und dazu gehört auch, es auszuhalten, wenn etwas nicht nach unseren Maßstäben gelingt.

Und es mag noch eine Gegenfrage erlaubt sein: Sollen alle die Anweisungen zur Kontemplation nur für die halbe Stunde gelten, die wir auf dem Kissen verbringen? Warum sollen wir dort alles bejahen können, im übrigen Leben aber nicht? Tatsächlich steckt hinter den oft ethisch kaschierten Einwänden („man muss doch") die vermutlich größte aller menschlichen Ängste, die Angst vor Kontrollverlust. Es ist in der tiefsten Konsequenz die Angst vor dem Tod. De Caussades oben zitierte Aussage von „den Anordnungen Gottes" – in seinen Schriften wird sie in zahlreichen Variationen wiederholt – ist auch insofern interessant, als sie genau das fordert: die Kontrolle abzugeben. Oder besser: anzuerkennen, dass wir sie nie hatten. „Die Fülle unserer Augenblicke" ist nach seiner Aussage nicht von uns selbst bestimmt, sondern geschieht durch Gottes Anordnung. Ob man sich dafür nun wie er einer religiösen Terminologie bedient oder nicht, als Beschreibung der Wirklichkeit ist die Aussage gewiss zutreffend, auch wenn darüber nicht gerne gesprochen wird – wir erinnern uns: die Angst vor Kontrollverlust. Doch tatsächlich vollzieht sich das Leben ganz ohne unser Zutun. Wir suchen uns nicht aus, ob, wo und wann wir geboren werden, für unser Ende gilt das gleiche und für alles Dazwischen auch. Unsere Organe, vom Herzschlag bis zu den Abwehrkräften, fragen nicht nach unserem Wunsch und Willen, sie funktionieren einfach – oder auch nicht. Ist es unsere freie Willensentscheidung Mathematik zu studieren oder Psychologie oder kam das Interesse für das eine oder andere Fach – ja woher? Es wird dann eine Mischung aus Genen und sozialer Konditionierung als Erklärung bemüht. Doch solche Erklärungsversuche funktionieren immer erst im Nachhinein, bezeichnen nur eine statistische Wahrscheinlichkeit und sind als Begründung für individuelle Entscheidungen völlig ungeeignet. Ist es unsere freie Willensentscheidung uns zur Meditation hingezogen zu fühlen? Oder ist das Interesse einfach so gekommen? Natürlich haben wir uns dann irgendwann einmal zu einem Meditationsseminar angemeldet, die Voraus-setzungen dafür aber haben wir nicht selber gelegt und die Folgen kennen wir auch nicht. Nicht einmal für unsere Gedanken, die wir so wichtig nehmen, sind wir verantwortlich. Haben wir nicht in den Meditationszeiten bitter gelernt, dass sie laufen wie sie wollen? Pointierte Meister sagen: „Es sind gar nicht deine Gedanken. Wenn es deine Gedanken sind, dann halte sie doch an!" Unter Kontrolle haben wir sie jedenfalls nicht. Arthur Schopenhauer hat die Situation auf den Punkt gebracht mit seinem Satz: „Wir können tun, was wir wollen, aber wir können nicht wollen, was wir wollen".

Wissenschaftlich infrage gestellt worden ist die Idee des freien Willens schon lange. In der Philosophie ohnehin, aber auch in den Wissenschaften. Berühmt geworden ist das sogenannte Libet-Experiment aus den 1980er Jahren, in dem nachgewiesen wurde, dass das Gehirn eine Bewegung der Hand bereits zu einem Zeitpunkt vorbereitete, zu dem der Proband selbst noch nicht einmal die Absicht gehabt hatte, die Bewegung tatsächlich auszuführen. Bis zu einer Sekunde vor der tatsächlichen Entscheidung signalisierte die Aktivität des motorischen Cortex bereits die erst später folgende Handlungsabsicht. Spirituelle Meister haben solche Erkenntnisse ebenfalls formuliert. „Wenn sich das Ich ernsthaft und aufrichtig mit seiner persönlichen Erfahrung auseinandersetzt, muss es zu dem eindeutigen Schluss kommen", so schreibt zum Beispiel Ramesh Balsekar, ein Schüler des Nisargadatta Maharaj „dass alles, was es für sein eigenen Handeln gehalten hat, lediglich Folge von oder Reaktion auf etwas Vorausgehendes war, das mit ihm nichts zu tun hat. Das Kratzen der Nase erweist sich als bloße Reaktion auf einen Juckreiz, der gar nichts mit dem Ich zu tun hat. Und das Ego, das immer gefürchtet hatte, ohne ein Gefühl von persönlicher Täterschaft werde es womöglich gar nicht mehr existieren, erkennt schließlich, dass seine Existenz nicht nur fröhlich weitergeht, sondern viel einfacher wird, wenn es nicht mehr selbst für sein Handeln verantwortlich sein muss. Schuldgefühle und Scham erübrigen sich ebenso wie Hass und Neid auf andere."[54] Das vom „universalen Gesetz getränkte Bewusstsein", so schreibt er weiter, „übersetzt sich in vollkommen natürliches Handeln, das von anderen nur zustimmend und wohlwollend aufgenommen werden kann, selbst wenn es nicht ihren eigenen Interessen dient. Kurzum, tiefe Einsicht wirkt auf geradezu wunderbare Weise und macht das Leben nicht nur schöner, sondern erheblich unkomplizierter."[55]

Von Leiden verschont werden die Weisen, die Erleuchteten und die Heiligen trotzdem nicht. Die Idee, dass mit dem Erwachen Mühsal und Plage vorbei seien, ist Wunschdenken. Die Lebensgeschichten vieler Heiliger erzählen etwas Anderes:

---

[54] Ramesh Balsekar, Wo nichts ist..., S. 16f
[55] Ebd. S. 15f

Heiligkeit ist nicht immer, aber häufig, auch aus Leiden geboren. Franz Jalics hatte tiefe spirituelle Erfahrungen während des Bombenhagels im Zweiten Weltkrieg. Die Praxis des Jesusgebets vertiefte er später in einem argentinischen Foltergefängnis – was zur Grundlage jener Kontemplativen Exerzitien werden sollte, die vielen Menschen tiefe Gebetserfahrungen und seelische Wandlung ermöglichten.

Was sich mit der wahren und ungefilterten Akzeptanz unserer selbst und des ganzen Lebens allerdings vermindert, ist der wertende Abgleich von Wunsch und Wirklichkeit. Die Wirklichkeit als Ausdruck von Gottes Willen anzunehmen, sie insgesamt und ihrer Tatsächlichkeit gemäß aufzufassen, das ist wohl das, was Jesus die „Fülle des Lebens" genannt hat. Wer nichts ausschließt, besitzt alles. Konkret heißt das, liebevoll, vertrauensvoll und intuitiv zu schauen, welche Antwort die jeweilige Situation erfordert. Und zwar ohne, dass man sich vornimmt „besonders liebevoll" zu agieren. Sondern weil es durch Wissen, Glauben und Verständnis der eigenen Natur entspricht.

Wie so etwas aussehen kann, zeigt eine Geschichte die Jaques Lusseyran erzählt. Wer seine Schriften liest, kann spüren, dass dieser französische Widerstandskämpfer gegen die Nazis ein Heiliger gewesen ist. Genauso wahr ist, dass er unbarmherziges Leid erfahren hat. Nicht durch seine frühe Erblindung, die er an keiner Stelle als

Leidenserfahrung beschreibt. Sondern durch seine Haft im KZ Buchenwald, an der es nichts zu beschönigen gibt und die er auf wundersame Weise überlebte. Und doch strahlte er auch in dieser extremen Situation eine liebevolle Offenheit aus für das, was erforderlich war. Er erinnert sich:

Drei Tage lang aß ich kein Brot mehr. Das war bitter, denn das Brot machte sicher die Hälfte unserer Ernährung aus. Es blieb mir nur die Suppe. Ich hatte kein Brot mehr, weil ich nicht auf die Idee gekommen war, das, was man mir davon zuteilte, sicher-zustellen, das heißt, es sofort ganz zu verzehren. Irgend jemand hatte mir, dreimal hintereinander, meine Ration genommen.

Schließlich wusste ich es. Die anderen sagten es mir. Ich erfuhr, dass das ,Holzbein' mein Brot aß. Das ,Holzbein' war mir schon vertraut, denn ich stieß jeden Abend dagegen, wenn ich um mein enges Nachtlager zwischen den zusammengepferchten Körpern der zweiten Etage kämpfen musste. Es war der einzige Gegenstand, der sich nicht bewegte, was man auch unternahm, der in erschreckender Unbeweglichkeit zwischen dem Gewimmel von Armen

und Köpfen vollkommen steif liegen-
blieb. Das ‚Holzbein' war wie ein
Baumstumpf, der mitten im Weg
stand. ...Ich umging es lieber, denn es
sah mir zu stark aus.

Doch an jenem Tag, an dem man mir
gesagt hatte, wo mein Brot hinge-
kommen war, stieg ich bis zum
Menschen (über dem Holzbein) empor.
Das war mein erster Kontakt mit Louis.
‚Man sagt, du hast mir mein Brot
gestohlen, ist das wahr?' Auf diese
törichte Weise redete ich ihn an. Ich
erwartete nicht, dass er ausrief: »Aber
ja!« Oder vielleicht erwartete ich es
auch, denn in jener Zeit unseres Lebens
waren alle Regeln, zu lügen oder die
Wahrheit zu sagen, alle Reflexe, in
Unordnung geraten. Er sagte nicht ‚ja',
aber er wiederholte vier- oder
fünfmal: ‚Was, was, was...?' Und diese
Worte, der ausdruckslose Ton seiner
Stimme wurden immer schwächer. Das
‚Was' sagte mit so vollkommener
Deutlichkeit unvergleichlich besser als
ein Geständnis – ‚ja'. Ich weiß nicht,
was mich damals geleitet hat: ein
Instinkt zweifellos, sicherlich keine
Großmut. Ich dachte übrigens schon
gar nicht mehr an die Kränkung. Ich

schlug dem ‚Holzbein' einen Pakt vor.
Wir, er und ich, wollten uns mit dem
Ziel zusammentun, nicht mehr zu
stehlen. Er sollte mein großer Kumpel,
mein Bruder werden, damit wir einen
Weg fänden, um besser zu leben. Ich
sei jetzt sicher, dass er mein Brot nicht
gestohlen habe. Folglich werde er es
auch in Zukunft nicht stehlen. Ich
sagte meinem sprachlosen Ich eine
Ungereimtheit dieser Art nach der
anderen. Und er, am Ende seines
Beines, das wie ein Baumstumpf
aussah, blieb erstarrt mit seinen ‚Was',
die ihm im Mund hängen blieben. So
begann eine der echtesten Freund-
schaften, die mir der Himmel bis zum
heutigen Tag geschenkt hat."[56]

Es ist dies nur ein Beispiel dafür, wie Menschen in
Situationen, die sie sich ganz bestimmt nicht herbei-
gewünscht hatten, in liebender Zugewandtheit
spontan handeln und dadurch Dinge bewirken
konnten, die für den alltäglichen Verstand
unvorhersehbar waren.

---

[56] Lusseyran, Das Leben beginnt heute, S.35ff

Zusammenfassung

Der Schlüssel zur Kontemplation ist das Wissen darum, dass vor, nach und in jedem wahrgenommenen Objekt eine namenlose Präsenz gegenwärtig ist. Sie ist unpersönlich, still und unbeweglich, sie ist makellos und unveränderlich von Ewigkeit zu Ewigkeit. Sie weiß sich selbst als „ich bin", bevor ich daran denke, dass ich bin und sie ist unendlich viel größer, als das persönliche Ich. Ich bin das Wahrnehmende, ich bin das Wissen um jede Erfahrung.

Die Schwierigkeit besteht darin, dass diese Präsenz sich, obwohl sie immer da ist, der Aufmerksamkeit entzieht. Sie entzieht sich ihr so, wie sich der Hintergrund einer Figur der Wahrnehmung zunächst entzieht, obwohl er doch die notwendige Bedingung für deren Form ist. Aber das ist auch nur eine Metapher: In Wahrheit weiß diese Präsenz ohne jeden Aufwand von sich selbst.

Da dieser „Bewusstseinsraum" des Hintergrunds kein Objekt ist und mithin keine objektiven Eigenschaften hat, wird er auch als „Nichts" bezeichnet, was noch weniger ist, als Leere (auch Leere ist noch ein Objekt). Aus diesem Nichts fließen Liebe und Erkenntnis aus, wie Meister Eckhart sagt. Weil zugleich auch jede Erfahrung sich *in* diesem Bewusstseinsraum abspielt und *aus* Bewusstsein gemacht ist, ist er zugleich *das Leben*, die Fülle des Lebens.

Kontemplation ist nichts anderes, als sich des „Raums" bewusst zu sein, aus dem und in dem alles objektiv Wahrgenommene erscheint und in dem es wieder verschwindet. Zugleich wird alles Wahrgenommene zugelassen. Mithin ist sie keine Tätigkeit – was sollten wir auch tun, um das, was wir sind, zu erreichen? Es ist auch keine Wegstrecke zurückzulegen – welche Richtung sollten wir einschlagen, um dorthin zu gelangen, wo wir schon sind? Sich in den Hintergrund immer tiefer hineinsinken zu lassen, ist Kontemplation.

Nicht-Praxis

Zum Schluss möchte ich noch einmal die Hinweise zum kontemplativen Gebet formulieren. Ich habe dazu die klassischen Aussagen zum Centering Prayer um ein paar Sätze ergänzt.

• Kontemplation ist keine Tätigkeit, sondern bewusste Präsenz – nicht zu verwechseln mit Konzentration.

• Wähle ein Heiliges Wort als Zeichen deiner Zustimmung zu Gottes Gegenwart und Gottes Wirken. Das Wort Zustimmung kann an dieser Stelle nicht genug betont werden. Nichts muss losgelassen werden, alles kann gelassen werden, wie es ist. Auch in Gedanken, Gefühlen und Empfindungen drückt sich Gottes Gegenwart aus.

• Sitze aufrecht und bequem und sprich das Heilige Wort als inneren Klang, vor allem und nur dann, wenn du gerade von Gedanken fortgetragen wirst. Es ist kein Mantra, das unaufhörlich wiederholt werden müsste.

• Folge keinem Gedanken.
• Bekämpfe keinen Gedanken.
• Beantworte keinen Gedanken.

Als „Gedanke" gilt jedes Objekt der Wahrnehmung, das unsere Aufmerksamkeit bindet, seien es Gedanken, Empfindungen, Gefühle, Zustände oder Geräusche. Kehre immer wieder mit einem sanften Aufmerken zu deinem Wort oder zu zwei bis drei, bewusst wahrgenommenen Atemzügen zurück.

• Was auch immer in der Zeit der Kontemplation an Empfindungen und Gefühlen auftaucht, es ist in Ordnung. Nimm es wahr, lass es da sein, lass es verschwinden, wann es will, nicht wann du willst.

• Zu Gedanken kann man sich verhalten wie zu einem Gespräch am Nachbartisch im Restaurant: Es ist da, aber man hört nicht hin.

• Wenn du 10.000 Mal abschweifst, sind es 10.000 Gelegenheiten, zu Gott zurückzukehren. Zentrum ist das wiederholte und bewusste Zurückkehren in die Gegenwart.

• Sei dir des „Raumes" bewusst, der vor und nach jedem Gedanken ist. Lass dich in diesen Raum hineinsinken.

• Hüte dich vor spirituellem Perfektionismus.

Literatur

Aurelius **Augustinus**, Bekenntnisse, DTV, 1997

Ramesh **Balsekar**, Wo nichts ist, kann auch nichts fehlen, Noumenon Verlag, 2014

Awhad al-din **Balyani** oder Ibn Arabi, „Know Yourself: An Explanation of the Oneness of Being", 2011

Cynthia **Bourgeault**, Das Herz im Gebet der Sammlung. Non-Duales Christsein in Theorie und Praxis, Chalice Verlag, 2021

Jean-Pierre de **Caussade**, Hingabe ans Jetzt, hrsg. von Christian Tröster, Hamburg, 2021

Katharina **Ceming**, Einheit im Nichts. Die mystische Theologie des Christentums, des Hinduismus und Buddhismus im Vergleich, Edition Verstehen, 2004

Peter **Dyckerhoff**, Finde den Weg. Geistliche Wegweisung nach Miguel de Molinos, Don Bosco Verlag, 2000

Franz **Jalics**, Kontemplative Exerzitien, Eine Einführung in die kontemplative Lebenshaltung und das Jesusgebet, Echter Verlag, 2009

Franz **Jalics**, Die Geistliche Begleitung im Evangelium, Echter Verlag, 2012

Thomas **Keating**, Invitation to Love, The Way of Christian Contemplation, 2012

Jean **Klein**, Nichts als Gegenwart, Noumenon Verlag, 2012

Jaques **Lusseyran**, Das wiedergefundene Licht. Die Lebensgeschichte eines Blinden im französischen Widerstand, Klett-Cotta,1966

Jaques **Lusseyran**, Das Leben beginnt heute, DTV, 1990

Martin **Laird**, Into The Silent Land: A Guide to the Christian Practice of Contemplation, Oxford University Press, 2006

Meister Eckehart, Deutsche Predigten und Traktate, herausgegeben von Josef Quint, Diogenes, 1979

Thomas **Merton**, Christliche Kontemplation, Claudius Verlag, 2010

Karl **Rahner**, Wagnis des Christen, Herder Verlag, 1974

Roland R. **Ropers**, Wahrnehmung – Wirklichkeit – Bewusstsein, in: Zukunft Mystik, Wegweiser zur religiösen Urquelle, Topos Verlag, 2018

John **Welwood**, Toward a Psychology of Awakening, Shambala Publications, 2000 (Dt. "Psychotherapie und Buddhismus")

Wolke des Nichtwissens und Brief der persönlichen Führung. Anleitung zur Meditation. Neu übertragen und herausgegeben von Willi Massa, Herder Verlag, 2003